AF606257

Todos los libros de Linkgua Ediciones cuentan con modelos de Inteligencia Artificial entrenados por hispanistas. Pregúntale al chat de tu libro lo que desees acerca de la obra o su autor/a.

Para ebooks: Accede a nuestro modelo de IA a través de un enlace.

Para libros impresos: Escanea el código QR de la portada con tu dispositivo móvil.

Obtén análisis detallados de nuestros libros, resúmenes, respuestas a tus preguntas y accede a nuestras ediciones críticas generativas para una experiencia de lectura más enriquecedora.
La transparencia y el respeto hacia la autoría de las fuentes utilizadas son distintivos básicos de nuestro proyecto. Por ello, las respuestas ofrecen, mediante un sistema de citas, las fuentes con las que han sido elaboradas.

Autores varios

Constituciones fundacionales de Venezuela

Barcelona 2025
Linkgua-ediciones.com

Créditos

Título original: Constituciones fundacionales de Venezuela.

e-mail: info@linkgua.com

Diseño de cubierta: Michel Mallard.

ISBN rústica ilustrada: 978-84-9897-415-7.
ISBN tapa dura: 978-84-1126-035-0.
ISBN ebook: 978-84-9897-169-9.

Sumario

Acta del 19 de abril de 1810

En la ciudad de Caracas a 19 de abril de 1810, se juntaron en esta sala capitular los señores que abajo firmarán, y son los que componen este muy ilustre Ayuntamiento, con motivo de la función eclesiástica del día de hoy, Jueves Santo, y principalmente con el de atender a la salud pública de este pueblo que se halla en total orfandad, no solo por el cautiverio del señor Don Fernando VII, sino también por haberse disuelto la junta que suplía su ausencia en todo lo tocante a la seguridad y defensa de sus dominios invadidos por el Emperador de los franceses, y demás urgencias de primera necesidad, a consecuencia de la ocupación casi total de los reinos y provincias de España, de donde ha resultado la dispersión de todos o casi todos los que componían la expresada junta y, por consiguiente, el cese de su funciones. Y aunque, según las últimas o penúltimas noticias derivadas de Cádiz, parece haberse sustituido otra forma de gobierno con el título de Regencia, sea lo que fuese de la certeza o incertidumbre de este hecho, y de la nulidad de su formación, no puede ejercer ningún mando ni jurisdicción sobre estos países, porque ni ha sido constituido por el voto de estos fieles habitantes, cuando han sido ya declarados, no colonos, sino partes integrantes de la Corona de España, y como tales han sido llamados al ejercicio de la soberanía interina, y a la reforma de la Constitución nacional; y aunque pudiese prescindirse de esto, nunca podría hacerse de la impotencia en que ese mismo gobierno se halla de atender a la seguridad y prosperidad de estos territorios, y de administrarles cumplida justicia en los asuntos y causas propios de la suprema autoridad, en tales términos que por las circunstancias de la guerra, y de la conquista y usurpación de las armas francesas, no pueden valerse a sí mismos los miembros que compongan el indicado nuevo gobierno, en cuyo caso el derecho natural y todos los demás dictan la necesidad de procurar los medios de su conservación y defensa; y de erigir en el seno mismo de estos países un sistema de gobierno que supla las enunciadas faltas, ejerciendo los derechos de la soberanía, que por el mismo hecho ha recaído en el pueblo, conforme a los mismos principios de la sabia Constitución primitiva de España, y a las máximas que ha enseñando y publicado en innumerables papeles la junta suprema extinguida. Para tratar, pues, el muy ilustre Ayuntamiento de un punto de la mayor importancia tuvo a bien formar un cabildo extraordinario sin la menor dilación, porque ya pretendía la fermentación peligrosa en que se hallaba el pueblo con las novedades esparcidas, y con el temor de que por engaño o por fuerza fuese inducido a reconocer un gobierno legítimo, invitando a su concurrencia al señor Mariscal de Campo don Vicente de Emparan, como su presidente, el cual lo verificó inmediatamente, y después de varias conferencias, cuyas resultas eran poco o nada satisfactorias al bien político de este leal vecindario, una gran porción de él congregada en las inmediaciones de estas casas consistoriales, levantó el grito, aclamando con su acostumbrada fidelidad al señor Don Fernando VII y a la soberanía interina del mismo pueblo; por lo que habiéndose aumentado los gritos y aclamaciones, cuando ya disuelto el primer tratado marchaba el cuerpo capitular a la iglesia metropolitana, tuvo por conveniente y necesario retroceder a la sala del Ayuntamiento, para tratar de nuevo sobre la seguridad y tranquilidad pública. Y entonces, aumentándose la congregación popular y sus clamores por lo que más le importaba, nombró para que representasen sus derechos, en calidad de diputados, a los señores doctores don José Cortés de Madariaga, canónigo de merced de la mencionada iglesia; doctor Francisco José de Rivas, presbítero; don José Félix Sosa y don Juan Germán Roscio, quienes llamados y conducidos a esta sala con los prelados de las religiones fueron admitidos, y estando juntos con los señores de este muy ilustre cuerpo entraron en las conferencias conducentes, hallándose también presentes el señor don Vicente Basadre, intendente del ejército y real hacienda, y el señor brigadier don Agustín García, comandante subinspector de artillería; y abierto el tratado por el señor Presidente, habló en primer lugar después de su señoría el diputado primero en el orden con que quedan nombrados, alegando los fundamentos y razones del caso, en cuya inteligencia dijo entre otras cosas el señor Presidente, que no quería ningún mando, y saliendo ambos al balcón notificaron al pueblo su deliberación; y resultando conforme en que el mando supremo quedase depositado en este Ayuntamiento muy ilustre, se procedió a lo demás que se dirá, y se reduce a que cesando igualmente en su empleo el señor don Vicente Basadre, quedase subrogado en su lugar el señor don Francisco de Berrío, fiscal de Su Majestad en la real audiencia de esta capital, encargado del despacho de su real hacienda; que cesase igualmente en su respectivo mando el señor brigadier don Agustín García, y el señor don José Vicente de Anca, auditor de guerra, asesor general de gobierno y teniente gobernador, entendiéndose el cese para todos estos empleos; que continuando los demás tribunales en sus respectivas funciones, cesen del mismo modo en el ejercicio de su ministerio los señores que actualmente componen el de la real audiencia, y que el muy ilustre Ayuntamiento, usando de la suprema autoridad depositada en él, subrogue en lugar de ellos los letrados que merecieron su confianza; que se conserve a cada uno de los empleados comprendidos en esta suspensión el sueldo fijo de sus respectivas plazas y graduaciones militares; de tal suerte, que el de los militares ha de quedar reducido al que merezca su grado, conforme a ordenanza; que continuar las órdenes de policía por ahora, exceptuando las que se han dado sobre vagos, en cuanto no sean conformes a las leyes y prácticas que rigen en estos dominios legítimamente comunicadas, y las dictadas novísimamente sobre anónimos, y sobre exigirse pasaporte y filiación de las personas conocidas y notables, que no pueden equivocarse ni confundirse con otras intrusas, incógnitas y sospechosas; que el muy ilustre Ayuntamiento para el ejercicio de sus funciones colegiadas haya de asociarse con los diputados del pueblo, que han de tener en él voz y voto en todos los negocios; que los demás empleados no comprendidos en el cese continúen por ahora en sus respectivas funciones, quedando con la misma calidad sujeto el mando de las armas a las órdenes inmediatas del teniente coronel don Nicolás de Castro y capitán don Juan Pablo de Ayala, que obraran con arreglo a las que recibieren del muy ilustre Ayuntamiento como depositario de la suprema autoridad; que para ejercerla con mejor orden en lo sucesivo, haya de formar cuanto antes el plan de administración y gobierno que sea más conforme a la voluntad general del pueblo; que por virtud de las expresadas facultades pueda el ilustre Ayuntamiento tomar las providencias del momento que no admitan demora, y que se publique por bando esta acta, en la cual también se insertan los demás diputados que posteriormente fueron nombrados por el pueblo, y son el teniente de caballería don Gabriel de Ponte, don José Félix Ribas y el teniente retirado don Francisco Javier Ustáriz, bien entendido que los dos primeros obtuvieron sus nombramientos por el gremio de pardos, con la calidad de suplir el uno las ausencias del otro, sin necesidad de su simultánea concurrencia. En este estado notándose la equivocación padecida en cuanto a los diputados nombrados por el gremio de pardos se advierte ser solo el expresado don José Félix Ribas. Y se acordó añadir que por ahora toda la tropa de actual servicio tenga press y sueldo doble, y firmaron y juraron la obediencia a este nuevo gobierno.

Vicente de Emparan; Vicente Basadre; Felipe Martínez y Aragón; Antonio Julián Álvarez; José Gutiérrez del Rivero; Francisco de Berrío; Francisco Espejo; Agustín García; José Vicente de Anca; José de las Llamosas; Martín Tovar Ponte; Feliciano Palacios; J. Hilario Mora; Isidoro Antonio López Méndez; Licenciado Rafael González; Valentín de Rivas; José María Blanco; Dionisio Palacios; Juan Ascanio; Pablo Nicolás González, Silvestre Tovar Liendo; Doctor Nicolás Anzola; Lino de Clemente; Doctor José Cortes, como diputado del clero y del pueblo; Doctor Francisco José Rivas, como diputado del clero y del pueblo; como diputado del pueblo, doctor Juan Germán Roscio; como diputado del pueblo, Doctor Félix Sosa; José Félix Ribas; Francisco Javier Ustáriz; fray Felipe Mota, prior; Fray Marcos Romero, guardián de San Francisco; Fray Bernardo Lanfranco, comendador de la Merced; Doctor Juan Antonio Rojas Queipo, rector del seminario; Nicolás de Castro; Juan Pablo Ayala; Fausto Viana, escribano real y del nuevo Gobierno; José Tomás Santana, secretario escribano.

Publicación del Acta del Ayuntamiento.

En el mismo día, por disposición de lo que se manda en el acuerdo que antecede, se hizo publicación de éste en los parajes más públicos de esta ciudad, con general aplauso y aclamaciones del pueblo, diciendo: ¡Viva nuestro rey Fernando VII, nuevo Gobierno, muy ilustre Ayuntamiento y diputados del pueblo que lo representan! Lo que ponemos por diligencia, que firmamos los infrascritos escribanos de que demos fe.

Viana, Santana.

Acta de la independencia de Venezuela de 1811

5 de julio de 1811

Firma del acta de la Independencia, por Juan Lovera.

Concejo Municipal, Caracas, Venezuela

En el nombre de Dios Todopoderoso, nosotros, los representantes de las Provincias Unidas de Caracas, Cumaná, Barinas, Margarita, Barcelona, Mérida y Trujillo, que forman la Confederación americana de Venezuela en el continente meridional, reunidos en Congreso, y considerando la plena y absoluta posesión de nuestros derechos, que recobramos justa y legítimamente desde el 19 de abril de 1810, en consecuencia de la jornada de Bayona y la ocupación del trono español por la conquista y sucesión de otra nueva dinastía constituida sin nuestro consentimiento, queremos, antes de usar de los derechos de que nos tuvo privados la fuerza, por más de tres siglos, y nos ha restituido el orden político de los acontecimientos humanos, patentizar al universo las razones que han emanado de estos mismos acontecimientos y autorizan el libre uso que vamos a hacer de nuestra soberanía.

No queremos, sin embargo, empezar alegando los derechos que tiene todo país conquistado, para recuperar su estado de propiedad e independencia; olvidamos generosamente la larga serie de males, agravios y privaciones que el derecho funesto de conquista ha causado indistintamente a todos los descendientes de los descubridores, conquistadores y pobladores de estos países, hechos de peor condición, por la misma razón que debía favorecerlos; y corriendo un velo sobre los trescientos años de dominación española en América, solo presentaremos los hechos auténticos y notorios que han debido desprender y han desprendido de derecho a un mundo de otro, en el trastorno, desorden y conquista que tiene ya disuelta la nación española.

Este desorden ha aumentado los males de la América, inutilizándole los recursos y reclamaciones, y autorizando la impunidad de los gobernantes de España para insultar y oprimir esta parte de la nación, dejándola sin el amparo y garantía de las leyes.

Es contrario al orden, imposible al gobierno de España, y funesto a la América, el que, teniendo ésta un territorio infinitamente más extenso, y una población incomparablemente más numerosa, dependa y esté sujeta a un ángulo peninsular del continente europeo.

Las sesiones y abdicaciones de Bayona, las jornadas del Escorial y de Aranjuez, y las órdenes del lugarteniente duque de Berg, a la América, debieron poner en uso los derechos que hasta entonces habían sacrificado los americanos a la unidad e integridad de la nación española.

Venezuela, antes que nadie, reconoció y conservó generosamente esta integridad por no abandonar la causa de sus hermanos, mientras tuvo la menor apariencia de salvación.

América volvió a existir de nuevo, desde que pudo y debió tomar a su cargo su suerte y conservación; como España pudo reconocer, o no, los derechos de un rey que había apreciado más su existencia que la dignidad de la nación que gobernaba.

Cuantos Borbones concurrieron a las inválidas estipulaciones de Bayona, abandonando el territorio español, contra la voluntad de los pueblos, faltaron, despreciaron y hollaron el deber sagrado que contrajeron con los españoles de ambos mundos, cuando, con su sangre y sus tesoros, los colocaron en el bono a despecho de la Casa de Austria; por esta conducta quedaron inhábiles e incapaces de gobernar a un pueblo libre, a quien entregaron como un rebaño de esclavos.

Los intrusos gobiernos que se abrogaron la representación nacional aprovecharon pérfidamente las disposiciones que la buena fe, la distancia, la opresión y la ignorancia daban a los americanos contra la nueva dinastía que se introdujo en España por la fuerza; y contra sus mismos principios, sostuvieron entre nosotros la ilusión a favor de Fernando, para devorarnos y vejarnos impunemente cuando más nos prometían la libertad, la igualdad y la fraternidad, en discursos pomposos y frases estudiadas, para encubrir el lazo de una representación amañada, inútil y degradante.

Luego que se disolvieron, sustituyeron y destruyeron entre sí las varias formas de gobierno de España, y que la ley imperiosa de la necesidad dictó a Venezuela el conservarse a sí misma para ventilar y conservar los derechos de su rey y ofrecer un asilo a sus hermanos de Europa contra los males que les amenazaban, se desconoció toda su anterior conducta, se variaron los principios, y se llamó insurrección, perfidia e ingratitud, a lo mismo que sirvió de norma a los gobiernos de España, porque ya se les cerraba la puerta al monopolio de administración que querían perpetuar a nombre de un rey imaginario.

A pesar de nuestras protestas, de nuestra moderación, de nuestra generosidad, y de la inviolabilidad de nuestros principios, contra la voluntad de nuestros hermanos de Europa, se nos declara en estado de rebelión, se nos bloquea, se nos hostiliza, se nos envían agentes a amotinarnos unos contra otros, y se procura desacreditarnos entre las naciones de Europa implorando sus auxilios para oprimirnos.

Sin hacer el menor aprecio de nuestras razones, sin presentarlas al imparcial juicio del mundo, y sin otros jueces que nuestros enemigos, se nos condena a una dolorosa incomunicación con nuestros hermanos; y para añadir el desprecio a la calumnia se nos nombran apoderados, contra nuestra expresa voluntad, para que en sus Cortes dispongan arbitrariamente de nuestros intereses bajo el influjo y la fuerza de nuestros enemigos.

Para sofocar y anonadar los efectos de nuestra representación, cuando se vieron obligados a concedérnosla, nos sometieron a una tarifa mezquina y diminuta y sujetaron a la voz pasiva de los ayuntamientos, degradados por el despotismo de los gobernadores, la forma de la elección; lo que era un insulto a nuestra sencillez y buena fe, más bien que una consideración a nuestra incontestable importancia política.

Sordos siempre a los gritos de nuestra justicia, han procurado los gobiernos de España desacreditar todos nuestros esfuerzos declarando criminales y sellando con la infamia, el cadalso y la confiscación, todas las tentativas que, en diversas épocas, han hecho algunos americanos para la felicidad de su país, como lo fue la que últimamente nos dictó la propia seguridad, para no ser envueltos en el desorden que presentíamos, y conducidos a la horrorosa suerte que vamos ya a apartar de nosotros para siempre; con esta atroz política, han logrado hacer a nuestros hermanos insensibles a nuestras desgracias, armarlos contra nosotros, borrar de ellos las dulces impresiones de la amistad y de la consanguinidad, y convertir en enemigos una parte de nuestra gran familia.

Cuando nosotros, fieles a nuestras promesas, sacrificábamos nuestra seguridad y dignidad civil por no abandonar los derechos que generosamente conservamos a Fernando de Borbón, hemos visto que a las relaciones de la fuerza que le ligaban con el Emperador de los franceses ha añadido los vínculos de sangre y amistad, por lo que hasta los gobiernos de España han declarado ya su resolución de no reconocerle sino condicionalmente.

En esta dolorosa alternativa hemos permanecido tres años en una indecisión y ambigüedad política, tan funesta y peligrosa, que ella sola bastaría a autorizar la resolución que la fe de nuestras promesas y los vínculos de la fraternidad nos habían hecho diferir; hasta que la necesidad nos ha obligado a ir más allá de lo que nos propusimos, impelidos por la conducta hostil y desnaturalizada de los gobiernos de España, que nos ha relevado del juramento condicional con que hemos sido llamados a la augusta representación que ejercemos.

Mas nosotros, que nos gloriamos de fundar nuestro proceder en mejores principios, y que no queremos establecer nuestra felicidad sobre la desgracia de nuestros semejantes, miramos y declaramos como amigos nuestros, compañeros de nuestra suerte, y participes de nuestra felicidad, a los que, unidos con nosotros por los vínculos de la sangre, la lengua y la religión, han sufrido los mismos males en el anterior orden; siempre que, reconociendo nuestra absoluta independencia de él y de toda otra dominación extraña, nos ayuden a sostenerla con su vida, su fortuna y su opinión, declarándolos y reconociéndolos (como a todas las demás naciones) en guerra enemigos, y en paz amigos, hermanos y compatriotas.

En atención a todas estas sólidas, públicas e incontestables razones de política, que tanto persuaden la necesidad de recobrar la dignidad natural, que el orden de los sucesos nos ha restituido, en uso de los imprescriptibles derechos que tienen los pueblos para destruir todo pacto, convenio o asociación que no llena los fines para que fueron instituidos los gobiernos, creemos que no podemos ni debemos conservar los lazos que nos ligaban al gobierno de España, y que, como todos los pueblos del mundo, estamos libres y autorizados para no depender de otra autoridad que la nuestra, y tomar entre las potencies de la tierra, el puesto igual que el Ser Supremo y la naturaleza nos asignan y a que nos llama la sucesión de los acontecimientos humanos y nuestro propio bien y utilidad.

Sin embargo de que conocemos las dificultades que trae consigo y las obligaciones que nos impone el rango que vamos a ocupar en el orden político del mundo, y la influencia poderosa de las formas y habitudes a que hemos estado, a nuestro pesar, acostumbrados, también conocemos que la vergonzosa sumisión a ellas, cuando podemos sacudirlas, sería más ignominiosa para nosotros, y más funesta para nuestra posteridad, que nuestra larga y penosa servidumbre, y que es ya de nuestro indispensable deber proveer a nuestra conservación, seguridad y felicidad, variando esencialmente todas las formas de nuestra anterior Constitución.

Por tanto, creyendo con todas estas razones satisfecho el respeto que debemos a las opiniones del género humano y a la dignidad de las demás naciones, en cuyo número vamos a entrar, y con cuya comunicación y amistad contamos, nosotros, los representantes de las Provincias Unidas de Venezuela, poniendo por testigo al Ser Supremo de la justicia de nuestro proceder y de la rectitud de nuestras intenciones, implorando sus divinos y celestiales auxilios, y ratificándole, en el momento en que nacemos a la dignidad, que su providencia nos restituye el deseo de vivir y morir libres, creyendo y defendiendo la santa, católica y apostólica religión de Jesucristo. Nosotros, pues, a nombre y con la voluntad y autoridad que tenemos del virtuoso pueblo de Venezuela, declaramos solemnemente al mundo que sus Provincias Unidas son, y deben ser desde hoy, de hecho y de derecho, Estados libres, soberanos e independientes y que están absueltos de toda sumisión y dependencia de la Corona de España o de los que se dicen o dijeren sus apoderados o representantes, y que como tal Estado libre e independiente tiene un pleno poder para darse la forma de gobierno que sea conforme a la voluntad general de sus pueblos, declarar la guerra, hacer la paz, formar alianzas, arreglar tratados de comercio, límite y navegación, hacer y ejecutar todos los demás actos que hacen y ejecutan las naciones libres e independientes.

Y para hacer válida, firme y subsistente esta nuestra solemne declaración, demos y empeñamos mutuamente unas provincias a otras, nuestras vidas, nuestras fortunas y el sagrado de nuestro honor nacional.

Dada en el Palacio Federal y de Caracas, firmada de nuestra mano, sellada con el gran sello provisional de la Confederación, refrendada por el Secretario del Congreso, a cinco días del mes de julio del año de mil ochocientos once, el primero de nuestra independencia.

Por la provincia de Caracas, Isidoro Antonio López Méndez, diputado de la ciudad de Caracas; Juan Germán Roscio, por el partido de la villa de Calabazo; Felipe Fermín Paul, por el partido de San Sebastián; Francisco Javier Ustáriz, por el partido de San Sebastián; Nicolás de Castro, diputado de Caracas; Juan Antonio Rodríguez Domínguez, Presidente, diputado de Nutrias, en Barinas; Luis Ignacio Mendoza, Vicepresidente, diputado de Obispos, en Barinas; Fernando de Peñalver, diputado de Valencia; Gabriel Pérez de Pagola, diputado de Ospino; Salvador Delgado, diputado de Nirgua; el Marqués del Toro, diputado de la ciudad del Tocuyo; Juan Antonio Díaz Argote, diputado de la Villa de Cura; Gabriel de Ponte, diputado de Caracas; Juan José Maya, diputado de San Felipe; Luis José de Cazorla, diputado de Valencia; doctor José Vicente Unda, diputado de Guanare; Francisco Javier Yanes, diputado de Araure; Fernando Toro, diputado de Caracas; Martín Tovar Ponte, diputado de San Sebastián; Juan Toro, diputado de Valencia; José Ángel de Álamo, diputado de Barquisimeto; Francisco Hernández, diputado de San Carlos; Lino de Clemente, diputado de Caracas.

Por la provincia de Cumaná, Francisco Javier de Mayz, diputado de la capital; José Gabriel de Alcalá, diputado de ídem;

Juan Bermúdez, diputado del Sur; Mariano de la Cova, diputado del Norte.

Por la de Barcelona, Francisco Miranda, diputado del Pao; Francisco Policarpo Ortiz, diputado de San Diego.

Por la de Barinas, Juan Nepomuceno de Quintana, diputado de Achaguas; Ignacio Fernández, diputado de la capital de Barinas; Ignacio Ramón Briceño, representante de Pedraza; José de Sata y Bussy, diputado de San Fernando de Apure; José Luis Cabrera, diputado de Guanarito; Ramón Ignacio Méndez, diputado de Guasdualito; Manuel Palacio, diputado de Mijagual.

Por la de Margarita, Manuel Plácido Maneyro.

Por la de Mérida, Antonio Nicolás Briceño, diputado de Mérida; Manuel Vicente de Maya, diputado de la Grita.

Por la de Trujillo, Juan Pablo Pacheco.

Por la villa de Aragua, provincia de Barcelona, José María Ramírez.

Refrendado: Hay un sello. Francisco Isnardy, Secretario.

Palacio Federal de Caracas, 8 de julio de 1811. Por la Confederación de Venezuela, el Poder Ejecutivo ordena que el

Acta antecedente sea publicada, ejecutada y autorizada con el sello del Estado y Confederación.

Cristóbal de Mendoza, Presidente en turno; Juan de Escalona; Baltasar Padrón; Miguel José Sanz, Secretario de Estado; Carlos Machado, Canciller Mayor; José Tomas Santana, Secretario de Decretos.

En consecuencia, el Supremo Poder Ejecutivo ordena y manda que se pase oficio de ruego y encargo al muy reverendo Arzobispo de esta Diócesis, para que disponga que el día de la solemne publicación de nuestra Independencia, que debe ser el domingo 14, se dé, como voluntariamente ha ofrecido y corresponde, un repique de campanas en todas las iglesias de esta capital, que manifieste el júbilo y alegría del virtuoso pueblo caraqueño y su prelado apostólico. Y que en acción de gracias al Todopoderoso por sus beneficios, auxilios y suma bondad en restituirnos al estado en que su providencia y sabiduría infinita creo al hombre, se cante el 16 misa solemne con Tedeum en la Santa Iglesia Metropolitana, asistiendo a la función todos los cuerpos y comunidades en la forma acostumbrada.

Que se haga salve general por las tropas al acto de dicha publicación y se enarbole la bandera y pabellón nacional en el cuartel de San Carlos, pasándose al efecto la orden al Gobernador militar por la Secretaria de Guerra; y desde hoy en adelante se use por todos los ciudadanos, sin distinción, la escarapela y divisa de la Confederación venezolana, compuesta de los colores azul celeste al centro, amarillo y encarnado a las circunferencias, guardando en ella uniformidad.

Que se ilumine por tres noches la ciudad, de un modo noble y sencillo, sin profusión ni gastos importunos, empezando desde el propio día domingo.

Que inmediatamente se reciba a la tropa el juramento de reconocimiento y fidelidad, prescrito por el Supremo Congreso, cuyo acto solemne se hará públicamente, y a presencia del referido gobernador militar y demás jefes de la guarnición.

Que en los días subsecuentes al de esta publicación, comparezcan ante S.A. el Supremo Poder Ejecutivo todos los cuerpos de esta ciudad, políticos, eclesiásticos y militares, a prestar el propio juramento, y que por lo embarazoso y dispendioso que se haría este acto, si hubiesen de prestarlo también todos los individuos ante S. A., se comisiona a los alcaldes de cuartel, para que con la escrupulosidad, circunspección y exactitud que corresponde en materia tan delicada, procedan a tomarle, y recibirle por la fórmula que se les comunicará, conforme a lo prescrito por el Supremo Congreso, concurriendo a sus casas, o donde señalaren los de cada cuartel, desde el miércoles 17 del corriente, a las nueve de la mañana hasta la una; y por la tarde, desde las cuatro hasta las siete de la noche; prevenidos de que este juramento será el acto característico de su naturalización y calidad de ciudadano, como también de la obligación en que quedará el Estado a proteger su honor, persona y bienes; sentando en un libro esta operación que deben firmar los juramentados, si supieren, o en su defecto otro a su ruego, cuyo libro deberán remitir dentro de veinte días, que se asignan de término para esto, a la Secretaria de Estado para archivarse.

Que se pase por las respectivas secretarias aviso a los comandantes militares y políticos de los puertos de La Guaira y Cabello, y a las demás justicias y regimientos de las ciudades, villas y lugares de esta provincia, con copia del acta, y decreto del Supremo Congreso, relativo a ella, para que dispongan su ejecución, publicación y cumplimiento, y se haga el juramento, según queda ordenado.

Que se comunique también a las provincias confederadas para su inteligencia y observancia, como lo ordena el Supremo Congreso. Y finalmente, que en el concepto de que por la declaratoria de Independencia han obtenido los habitantes de estas provincias y sus confederadas, la dignidad y honrosa vestidura de ciudadanos libres, que es lo más apreciable de la sociedad, el verdadero título del hombre racional, el terror de los ambiciosos y tiranos, y el respeto y consideración de las naciones cultas, deben por lo mismo sostener a toda costa esta dignidad, sacrificando sus pasiones a la razón y a la justicia, uniéndose afectuosa y recíprocamente; y procurando conservar entre sí la paz, fraternidad y confianza que hacen respetables, firmes y estables los estados, cuyos miembros proscriben las preocupaciones insensatas, odios y personalidades, que tanto detestan las sabias máximas naturales, políticas y religiosas; en el concepto de que el Supremo Gobierno sabe muy bien que no hay para los ciudadanos nada más sagrado que la patria, ni más digno de castigo que lo contrario a sus intereses; y que por lo mismo sabrá imponer con la mayor severidad las penas a que se hagan acreedores los que de cualquier modo perturben la sociedad y se hagan indignos de los derechos que han recuperado por esta absoluta independencia ya declarada, y sancionada legítimamente con tanta razón, justicia, conveniencia y necesidad.

El Supremo Poder Ejecutivo, finalmente, exhorta y requiere, ordena y manda a todos, y a cada uno de los habitantes, que uniéndose de corazón y resueltos de veras, firmes, fuertes y constantes, sostengan con sus facultades corporales y espirituales la gloria que con tan sublime empresa adquieren en el mundo, y conservarán en la historia con inmortal renombre.

Dado en el Palacio Federal de Caracas, firmado de los ministros que componen el Supremo Poder Ejecutivo, sellado con el provisional de la Confederación, y refrendado del infrascrito secretario, con ejercicio de decretos.

Cristóbal de Mendoza, Presidente en turno.

Juan de Escalona.

Baltazar Padrón.

José Tomás Santana, Secretario.
Venezuela. Constitución Federal de 1811

Constitución Federal de 1811

21 de diciembre de 1811

Constitución Federal para los Estados de Venezuela:

HECHA por los Representantes de Margarita, de Mérida, de Cumaná, de Barinas, de Barcelona, de Trujillo y de Caracas, reunidos en Congreso General.

En el nombre de Dios Todo Poderoso, nos, el Pueblo de los Estados de VENEZUELA, usando de nuestra Soberanía y deseando establecer entre nosotros la mejor administración de justicia, procurar el bien general, asegurar la tranquilidad interior, proveer en común a la defensa exterior, sostener nuestra Libertad e Independencia política, conservar pura e ilesa la sagrada religión de nuestros mayores, asegurar perpetuamente a nuestra posteridad el goce de estos bienes y estrecharnos mutuamente con la más inalterable unión y sincera amistad, hemos resuelto confederarnos solemnemente para formar y establecer la siguiente Constitución Federal para los Estados de Venezuela Constitución, por la cual se han de gobernar y administrar estos Estados.

Preliminar. Bases del Pacto federativo que ha de constituir la Autoridad general de la Confederación

En todo lo que por el Pacto Federal no estuviere expresamente delegado a la Autoridad general de la Confederación, conservará cada una de las Provincias que la componen, su Soberanía, Libertad e Independencia: en uso de ellas, tendrán el derecho exclusivo de arreglar su Gobierno y Administración territorial, bajo las leyes que crean convenientes, con tal que no las sean comprehendidas en esta Constitución, ni se opongan o perjudiquen a los mismos Pactos Federativos que por ellas se establecen. Del mismo derecho gozarán todos aquellos territorios que por división del actual o por agregación a él, vengan a ser parte de esta Confederación cuando el Congreso General reunido les declare la representación de tales o la obtengan por aquella vía y forma que él establezca para las ocurrencias de esta clase cuando no se halle reunido.

Hacer efectiva la mutua garantía y seguridad que se prestan entre sí los Estados, para conservar su libertad civil, su independencia política y su culto religioso es la más sagrada de las facultades de la Confederación, en quien reside exclusivamente la Representación Nacional. Por ella está encargada de las relaciones extranjeras, de la defensa común y general de los Estados Confederados, de conservar la paz pública contra las conmociones internas o los ataques exteriores, de arreglar el comercio exterior y el de los Estados entre sí, de levantar y mantener Ejércitos, cuando sean necesarios para mantener la libertad, integridad, e independencia de la Nación, de construir y mantener bajeles de guerra, de celebrar y concluir tratados y alianzas con las demás Naciones, de declararles la guerra y hacer la paz, de imponer las contribuciones indispensables para estos fines, u otros convenientes a la seguridad, tranquilidad y felicidad común, con plena y absoluta autoridad para establecer las Leyes generales de la unión, juzgar y hacer ejecutar cuanto por ellas queda resuelto y determinado.

El ejercicio de esta autoridad confiada a la Confederación, no podrá jamás hallarse reunido en sus diversas funciones. El Poder Supremo debe estar dividido en Legislativo, Ejecutivo y Judicial y confiado a distintos Cuerpos independientes entre sí, en sus respectivas facultades.

Los individuos que fueren nombrados para ejercerlas, se sujetarán inviolablemente al modo y reglas que en esta Constitución se les prescriben para el cumplimiento y desempeño de sus destinos.

Capítulo primero. De la religión

Artículo 1. La Religión, Católica, Apostólica, Romana, es también la del Estado y la única y exclusiva de los habitantes de Venezuela. Su protección, conservación, pureza e inviolabilidad será uno de los primeros deberes de la Representación nacional, que no permitirá jamás en todo el territorio de la Confederación, ningún otro culto público, ni privado, ni doctrina contraria a la de Jesucristo.

Artículo 2. Las relaciones que en consecuencia del nuevo orden político deben entablarse entre Venezuela y la Silla Apostólica, serán también peculiares a la de Confederación, como igualmente las que deban promoverse con los actuales Prelados Diocesanos, mientras no se logre acceso directo a la autoridad Pontificia.

Capítulo segundo. Del Poder Legislativo

Sección primera. División, límites y funciones de este poder

Artículo 3. El Congreso general de Venezuela, estará dividido en una Cámara de Representantes y un Senado, a cuyos dos Cuerpos se confía el Poder legislativo, establecido por esta Constitución.

Artículo 4. En cualquiera de los dos podrán tener principio las leyes; y cada uno respectivamente podrá proponer al otro reparos, alteraciones o adicciones o rehusar a la ley propuesta, su consentimiento por una negativa absoluta.

Artículo 5. Solo las leyes sobre contribuciones, tasas e impuestos están exceptuadas de esta regla. Éstas no pueden tener principio sino en la Cámara de Representantes; quedando al Senado el derecho ordinario de adicionarlas, alterarlas o rehusarlas.

Artículo 6. Cuando el proyecto de ley haya sido admitido conforme a las reglas de debate que se hayan prescripto estas Cámaras, sufrirá tres discusiones en sesiones distintas con el intervalo de un día a lo menos entre cada una, sin lo cual no podrá pasarse a deliberar sobre él.

Artículo 7. Las proposiciones urgentes están exceptuadas estos trámites; pero para ello debe discutirse y declararse previamente la urgencia en cada una de las Cámaras.

Artículo 8. Ninguna proposición rechazada por una de ellas podrá repetirse hasta después de un año; pero podrán hacerse otras que contengan parte de las rechazadas.

Artículo 9. Ningún proyecto de ley o proposición constitucionalmente aceptado, discutido y deliberado en ambas

Cámaras, podrá tenerse por Ley del Estado, hasta que presentado al Cuerpo Ejecutivo sea firmado por él. Si no lo hiciere, enviará el proyecto con sus reparos a la Cámara, donde hubiere tenido su iniciativa; y en esta se tomará razón íntegra de los reparos en el registro de sesiones y pasará a examinar de nuevo la materia; que resultando segunda vez aprobada por pluralidad de dos terceras partes, pasará bajo iguales tramites a la otra Cámara y obtenida en ella igual aprobación, tendrá desde entonces el proyecto de fuerza de Ley. En todos estos casos se expresarán los votos de las Cámaras por sí o no, quedando registrados los nombres de los que votaron en pro o en Contra.

Artículo 10. Si el Cuerpo Ejecutivo no volviese el proyecto a la Cámara de su origen dentro del término de diez días contados desde su recibo, con exclusión de los feriados, tendrá fuerza de Ley y deberá ser promulgada como tal constitucionalmente; pero si por emplazamiento suspensión o receso del Congreso, no pudiese volver a él el proyecto antes del término señalado, quedará sin efecto, a menos que el Poder Ejecutivo no resuelva sin aprobarlo sin reparos o adiciones; pero en caso de ponerlas, podrá presentarse el proyecto con ellas a la Cámara en la Inmediata Asamblea siguiente a la expiración del plazo.

Artículo 11. Las demás resoluciones, decretos, dictámenes y actas de la Cámaras (excepto las de emplazamiento) deberán también pasarse al Poder Ejecutivo para su conformidad antes de tener efecto. En el caso de que éste no se conforme, volverán a seguir los trámites prescritos para las leyes; y siendo de nuevo confirmados como ellas, deberán llevarse a ejecución. Las Leyes, decretos, dictámenes, actas y resoluciones urgentes están también sujetas a esta regla; pero el Poder Ejecutivo debe poner sus reparos sobre la urgencia y sobre lo substancial de la misma ley simultáneamente dentro de dos días después de su recibo y no haciéndolo se tendrán como aprobadas por él.

Artículo 12. La fórmula de redacción con que han de pasar las leyes, actos, decretos y resoluciones de una a otra Cámara y al Poder Ejecutivo, será un preámbulo que contenga: el día de la sesión en que se discutió en cada Cámara la materia; la fecha de las respectivas resoluciones, inclusa la de urgencia cuando la haya; y la exposición de las razones y fundamentos que han motivado la resolución. Cuando se omita algunos de estos requisitos, deberá volverse el acto dentro de dos días a la Cámara donde se note la omisión o a la del origen si hubiera ocurrido en ambas.

Artículo 13. Estos requisitos no acompañarán a la ley en su promulgación: ella saldrá entonces redactada clara, sencilla, precisa y uniformemente, sin otra cosa que un membrete que explique su contenido con la nominación de ley, acto o decreto, bajo la fórmula de estilo siguiente:

El Senado y la Cámara de Representantes de los Estados Unidos de Venezuela, juntos en Congreso decretaron; y, enseguida, la parte dispositiva de la ley, acto o decreto. Estas fórmulas podrán variarse si las circunstancias y la conformidad de los pueblos que se agreguen a esta confederación, lo creyesen necesario.

Sección segunda. Elección de la Cámara de Representantes

Artículo 14. Los que compongan la Cámara de Representantes deben ser nombrados por los electores populares de cada Provincia para servir por cuatro años este encargo; y el número total respectivo se renovará cada dos por mitad, sin que ninguno de ellos pueda ser reelegido inmediatamente.

Artículo 15. Nadie podrá ser elegido antes de la edad de veinticinco años: si no ha sido por cinco inmediatamente antes de la elección ciudadano de la Confederación de Venezuela; y si no goza en ella una propiedad de cualquiera clase.

Artículo 16. La condición de domicilio y residencia requerida aquí para los Representantes, no excluye a los que hayan estado ausentes en servicio del Estado, ni a los que hayan permanecido fuera de él con permiso del Gobierno en asuntos propios, con tal que su ausencia no haya pasado de tres años; ni a los naturales del territorio de Venezuela, que habiendo estado fuera de él, se hubiesen restituido y hallado presentes a la declaratoria de su absoluta Independencia y la hubiesen reconocido y jurado.

Artículo 17. La población de las Provincias será la que determine el número de Representantes que les corresponda, en razón de uno por cada veinte mil almas de todas condiciones, sexos y edades. Por ahora servirá para el cómputo el censo civil practicado últimamente, que en lo sucesivo se renovará cada cinco años; y si hechas las divisiones de veinte mil, resultare algún residuo que pase de diez mil, habrá por él un Representante más.

Artículo 18. Esta proporción de uno por veinte mil, continuará siendo la regla de representación, hasta que el número de los Representantes llegue a sesenta; y aunque aumentase la población no se aumentará por eso el número, sino se elevará la proporción hasta que corresponda un Representante a cada treinta mil almas. En este estado continuará la proporción de uno por treinta mil, hasta que lleguen a ciento los Representantes; y entonces como en el caso anterior, se elevará la proporción a cuarenta mil por uno hasta que lleguen a doscientos por el aumento progresivo de la población, en cuyo caso se procederá de modo que la regla de proporción no suba de uno por cincuenta mil almas.

Artículo 19. Cuando por muerte, renuncia u otra causa vacare alguna plaza de Representante, entrará a servirla el que en las últimas elecciones hubiese obtenido la segunda mayoría de votos y se considerará nombrado por el tiempo que falte al primero. Si éste fuese menos de un año, no se le contará como obstáculo para poder ser elegido en las inmediatas elecciones.

Artículo 20. Éstas se ejecutarán con uniformidad en todo el territorio de la Confederación, procediendo para ello del modo siguiente:

Artículo 21. El día primero de noviembre de cada dos años, se reunirán los sufragantes en todas las parroquias del Estado, para elegir libre y espontáneamente los electores parroquiales que han de nombrar el Representante o Representantes que correspondan aquel bienio a su Provincia.

Artículo 22. A cada mil almas de población y a cada Parroquia, aunque no llegue a este número, se dará un elector; luego que estén nombrados se disolverá la Congregación parroquial; y los Electores se hallarán reunidos indefectiblemente el quince de noviembre en la Ciudad o Villa que fuera cabeza del Partido capitular, para nombrar Representantes.

Artículo 23. El resultado de la Congregación electoral, se remitirá por ahora inmediatamente al Gobierno provincial; y cuando éste se reforme popularmente, al Presidente del Senado o primera Cámara del Cuerpo legislativo de ella, que en todas deberá hallarse reunido en los primeros días de diciembre.

Artículo 24. El Jefe del Gobierno actual o el Presidente del Senado cuando lo haya, abrirá a presencia de la Legislatura provincial que se hallará reunida, las votaciones que se remiten de los Partidos para contar los votos. Se tendrán por elegidos para Representantes los que hayan reunidos a su favor la mayoría del número total de los Electores nombrados; y en caso de igualdad entre ellos la Legislatura; pero si ninguna llegase a reunir la mitad, la Legislatura entonces escogerá de los que hayan tenidos más votos, un número triple o doble si fuere preciso de los Representantes que toquen a su Provincia, para elegir entre éstos los que deban serlo. Para esta elección podrá atenderse a cualquiera especie de mayoría, añadiendo a los votos de la Legislatura los que cada uno hubiese obtenido desde las Congregaciones electorales de las cabezas de partido. En caso de igualdad en la última elección de la Legislatura, decidirá el voto del Presidente.

Artículo 25. Mientras no se organizan constitucional y uniformemente las Legislaturas de las Provincias, podrán hacer sus Gobiernos actuales lo prevenido anteriormente, juntándose en un lugar determinado todos sus miembros en unión de las Municipalidades de la Capital y doce personas de arraigo conocido elegidas previamente por las mismas Municipalidades.

Artículo 26. Todo hombre libre tendrá derecho de sufragio en las Congregaciones Parroquiales, si a esta calidad añade la de ser Ciudadano de Venezuela, residente en la Parroquia o Pueblo donde sufraga: si fuere mayor de veintiún años, siendo soltero o menor siendo casado y velado y si poseyere un caudal libre del valor de seiscientos pesos en la Capitales de Provincia siendo soltero y de cuatrocientos siendo casado, aunque pertenezcan a la mujer o de cuatrocientos siendo en las demás poblaciones en el primer caso y doscientos en el segundo; o si tuviere grado, u aprobación pública en una ciencia o arte liberal o mecánica; o si fuere propietario o arrendador de tierras, para sementeras o ganado con tal que sus productos sean los asignados para los respectivos casos de soltero u casado.

Artículo 27. Serán excluidos de este derecho los dementes, los sordomudos, los fallidos, los deudores a caudales públicos con plazo cumplido, los extranjeros, los transeúntes, los vagos públicos y notorios, los que hayan sufrido infamia no purgada por la Ley, los que tengan causa criminal de gravedad abierta y los que siendo casados no vivan con sus mujeres, sin motivo legal.

Artículo 28. Además de las cualidades referidas para los sufragantes parroquiales, deben los que han de tener voto en las Congregaciones electorales, ser vecinos del Capitular donde votaren y poseer una propiedad libre de seis mil pesos en la Capital de Caracas, siendo solteros y de cuatro mil siendo casados, cuya propiedad será en las demás Capitales, Ciudades y Villas, de cuatro mil siendo soltero y tres mil siendo casado.

Artículo 29. También se conceden los mismos derechos a los Empleados públicos con sueldo del Estado, con tal que este sea de trescientos pesos anuales para votar en las Congregaciones parroquiales y de mil para los Electores capitulares. Pero todos ellos están inhábiles para ser miembros de las Cámaras de Representantes y senadores mientras no renuncien al ejercicio de sus empleos y al goce de sus respectivos sueldos por todo el tiempo que duren la representación.

Artículo 30. Es un derecho exclusivo y propio de las respectivas Municipalidades, el convocar conforme a la Constitución las Asambleas primarias y electorales y todas las demás que resolviere el Gobierno de su Provincia.

Artículo 31. Cualquiera de sus miembros o de los Jueces y personas notables de los Pueblos de su distrito podrán ser autorizados por ellas presidir y concluir las Asambleas parroquiales; pero las Electorales las presidirá uno de los Alcaldes y las autorizará el Escribano municipal.

Artículo 32. Si hubiese por parte de las Municipalidades omisión en hacer oportunamente estas convocatorias, podrán los Ciudadanos reunirse espontáneamente en los días señalados por la Constitución para ellas y hacer con orden, tranquilidad y moderación lo que no hubiese hecho el Cuerpo Municipal, hasta comunicar después de disueltas las Congregaciones, el resultado al Gobierno Provincial respectivo.

Artículo 33. El uso de esta facultad, tanto por parte de las Municipalidades, como de los Ciudadanos, fuera de los casos y tiempos prevenidos en la Constitución, será un atentado contra la seguridad pública y una traición a las leyes del Estado; y nunca pasarán las funciones de estas Congregaciones del nombramiento de Electores o Representantes del Congreso General o Legislatura Provincial respectiva sin tratar en manera alguna de otra cosa que no prevenga la Constitución.

Artículo 34. Las calificaciones de propiedad serán peculiares a las respectivas Municipalidades que llevarán permanentemente un registro civil de los Ciudadanos aptos para votar en las congregaciones parroquiales y electorales de su partido, en la forma que estableciere las respectiva Constitución Provincial.

Artículo 35. La falta actual que hay del registro civil ordenado por el Artículo anterior para establecer las calificaciones de los Ciudadanos, podrá suplirse autorizando los Cabildos a los mismos que nombren para presidir las Asambleas primarias o parroquiales para formar un censo en cada Parroquia con vista del último formado para el actual Congreso y del Eclesiástico autorizado por el Cura o su Teniente y cuatro vecinos honrados, padres de familia y propietarios del Pueblo, que bajo juramente testifiquen tener los comprehendidos en el censo las calidades requeridas para ser sufragantes o electores.

Artículo 36. Obtenida por este medio la población total de la Parroquia, se sabrá el Elector o Electores que le correspondan y se formará una lista por ella de los Ciudadanos que resulten con derecho a sufragio y otras de uso que estén hábiles para ser Electores en la Congregación capitular.

Artículo 37. Estas tres listas se llevarán por el comisionado a la Asamblea primaria o parroquial, para que los sufragantes con conocimiento de ella proceden a nombrar de los de la última lista el Elector o Electores que correspondan a la Parroquia.

Artículo 38. Verificado esto se presentará todo ello por el comisionado al Cuerpo Municipal del partido, para que sirva a formar el registro civil provisional, mientras por el Congreso no se establezca otra fórmula.

Artículo 39. El acto de elección parroquial y electoral será público, como es propio de un Pueblo libre y virtuoso y en él se procederá del modo siguiente.

Artículo 40. Los Electores primarios o sufragantes parroquiales llevarán sus votos en persona por escrito o de palabra al Alcalde de cuartel o Juez que se nombrare dentro el término de ocho días, desde aquél que se abriese la elección; y en el primero de noviembre se procederá al escrutinio ante el mismo Juez con seis personas respetables de la Parroquia, a cuyas puertas se fijará la votación y su resultado.

Artículo 41. En las Congregaciones electorales dará su voto cada Elector en un billete firmado o en secreto a la voz al Presidente de la Congregación que lo hará escribir en el acto por el Secretario a presencia de dos testigos. Reunidos los votos en secreto, se practicará en público el escrutinio, firmando lista por orden alfabético y se leerán luego en voz alta los votos con el nombre de cada Elector.

Artículo 42. Las dudas o dificultades que se susciten en las Asambleas primarias u electorales sobre cualidades o formas, se decidirán en las primeras por el Presidente y sus asociados y en las segundas por la misma Congregación; pero ambas podrá apelarse en último recurso a la Legislatura provincial, sin que entre tanto se suspenda por eso el efecto de la elección respectiva.

Artículo 43. La Cámara de Representantes al principiar sus Sesiones elegirá para el tiempo que duraren estas, un Presidente y Vicepresidente de sus miembros que podrá mudar en caso de prorroga o convocación extraordinaria; también nombrará fuera de su seno el Secretario y demás Oficiales que juzgue necesarios para el desempeño de sus trabajos, siendo de su autoridad la asignación de sueldos o gratificaciones de los referidos empleados.

Artículo 44. Todos los empleados de la confederación están sujetos a la inspección de la Cámara de Representantes en el desempeño de sus funciones y por ella ser acusados ante el Senado de todos los casos de traición, colusión o malversación y éste admitirá oirá, rechazará y juzgará estas acusaciones, sin que puedan someterse a su juicio por otro órgano que el de la Cámara, a quien toca exclusivamente este derecho.

Sección tercera. Elección de los Senadores

Artículo 45. El Senado de la Confederación lo compondrá por ahora un número de individuos, cuya proporción no pasará de la tercera, ni será menos de la quinta parte de los

Representantes: cuando éstos pasen de ciento, estará la proporción de aquéllos entre la cuarta y la quinta: y cuando doscientos entre la quinta y la sexta.

Artículo 46. Este cálculo indica al presente que debe haber de cada Provincia un Senador por cada setenta mil almas de todas condiciones, sexos y edades con arreglos a los censos que rigen; pero siempre nombrará uno la que no llegue al número señalado y otro la que deducida la cuota o cuotas de setenta mil tenga un resido de treinta mil almas.

Artículo 47. El término de las funciones de Senador será el de seis años y cada dos se renovará el Cuerpo por terceras partes. Siendo los primeros a quienes toque este turno a los dos años de la primera reunión, a los de las Provincias que hubieren dado mayor número y así sucesivamente, de modo que ninguno pase de los seis años asignados.

Artículo 48. La elección originaria y sucesiva en los años de turno, se hará por la Legislatura provincial, según la forma que ellas se prescriban; pero con las condiciones de que:

Artículo 49. Para ser Senador ha de tener el elegido treinta años de edad; diez años de ciudadano avecindado en el territorio de Venezuela inmediatamente antes de la elección con las excepciones comprehendidas en el parágrafo dieciséis y ha de gozar en él una propiedad de seis mil pesos.

Artículo 50. El Senado elegirá fuero de su seno un Secretario y los demás Oficiales y empleados que necesite, siendo privativa al mismo Cuerpo la asignación de sueldos ascensos y gratificaciones de estos empleados y también un Presidente y Vice, como previene el párrafo 43 para los Representantes.

Artículo 51. Cuando vacare alguna plaza de Senador por muerte, renuncia u otra causa durante el receso de la Legislatura provincial a que corresponda la vacante, el Poder Ejecutivo de ella podrá nombrar interinamente quien la sirva hasta la próxima reunión de Legislatura, en que habrá de proveerse en propiedad.

Sección cuarta. Funciones y facultades del Senado

Artículo 52. El Senado tiene todo el poder natural, e incidente de una Corte de Justicia para admitir oír, juzgar y sentenciar a cualesquiera de los empleados principales en servicio de la Confederación, acusados por la Cámara de Representantes de felonía, mala conducta, usurpación o corrupción en el uso de sus funciones, arreglándose a la evidencia y a la justicia de estos procedimientos y prestando para ello un juramento especial sobre los evangelios antes de empezar la actuación.

Artículo 53. También podrá juzgar y sentenciar a cualquiera otro de los empleados inferiores, cuando instruido de sus faltas o delitos advierta omisión de sus respectivos Jefes para hacerlo, precediendo siempre la acusación de la Cámara.

Artículo 54. Inmediatamente pasará al acusado copia legal de la acusación y le señalará tiempo y lugar para evacuar juicio, sirviéndose para esto del Ministro o comisionado que tenga a bien elegir y teniendo consideración a la distancia en que resida el acusado y a la naturaleza del juicio que va a sufrir.

Artículo 55. Luego que haya tenido su efecto la citación y emplazamiento del Senado compareciendo en fuerza de ella el acusado, se le oirán libremente las pruebas y testigos que presentare y la defensa que hiciere por sí o por Letrado. Pero si por renuencia u omisión dejare de comparecer, examinará el Senado los cargos y pruebas que hayan contra él y pronunciará un juicio tan válido y efectivo, como si el acusado hubiese comparecido y respuesto a la acusación.

Artículo 56. En estos juicios, si no hubiese Letrado en el Cuerpo del Senado, deberá este citar para que dirija el juicio, a alguno de los Ministros de la Alta Corte de Justicia u a otro Letrado de crédito que merezca su confianza, a los cuales solo se concederá voto consultivo en la materia.

Artículo 57. Para que puedan tener efecto y validación las sentencias pronunciadas por el Senado en estos juicios, han de concurrir precisamente a ellas las dos terceras partes de los votos de los Senadores que se hallaren presentes en el número necesario para formar sesión constitucionalmente.

Artículo 58. Estas sentencias no tendrán otro efecto que el deponer al acusado de su empleo, en fuerza de la verdad conocida por averiguación previa, declarándolo incapaz de obtener cargo honorífico o lucrativo en la Confederación, sin que esto lo releve de ser ulteriormente perseguido, juzgado y sentenciado por los competentes Tribunales de Justicia.

Sección quinta. Funciones económicas y prerrogativas comunes a ambas Cámaras

Artículo 59. La calificación de elecciones, calidades y admisión de sus respectivos miembros, será del resorte privativo de cada Cámara, como igualmente la resolución de las dudas que sobre esto puedan ocurrir. Del mismo modo podrán fijar el número constitucional para las sesiones, que nunca podrá ser menos de las dos terceras partes; y en todo caso el número existente, aunque sea menor, podrá compeler a los que falten a reunirse bajo las penas que ellas establecieren.

Artículo 60. El presidente de cada una de las Cámaras será siempre el conducto por donde se verifiquen tanto estas medidas coactivas, como las demás convocaciones extraordinarias que constitucionalmente exijan las circunstancias.

Artículo 61. El proceder de cada Cámara en sus sesiones, debates y deliberaciones, será establecido por ellas mismas y bajo estas reglas podrá castigar a cualquiera de sus miembros que las inflija o que de otra manera se haga culpable con las penas que establezca, hasta expelerlos de su seno, cuando reunidas las dos terceras partes de sus miembros, lo decida la unanimidad de los dos tercios presentes.

Artículo 62. Las Cámaras gozarán en el lugar de sus sesiones el derecho exclusivo de Policía y tendrán a sus órdenes una guardia nacional capaz de mantener el decoro de su representación y el sosiego orden y libertad de sus resoluciones.

Artículo 63. En uso de este derecho podrán también castigar con arresto que no exceda de treinta días a cualquiera individuo que desordenada y vilipendiosamente faltase al respeto en su presencia o que amenazare de cualquier modo atentar contra el Cuerpo o contra la persona o los bienes de alguno de sus individuos durante las sesiones o yendo y viniendo a ellas por cualquiera cosa que hubiese dicho o hecho en los debates o que embarazase o perturbase sus deliberaciones, molestando y deteniendo a los Oficiales o empleados de las Cámaras en la excusión de sus órdenes o asaltase y detuviese cualquier testigo u otra persona citada y esperada por cualquiera de las dos Cámaras o que pusiese en libertad a cualquiera de las dos Cámaras o que pusiese en libertad a cualquiera persona detenida por ellas, conociendo y constándole ser tal.

Artículo 64. El proceder de cada Cámara constará solemnemente de un Registro diario en que se asienten sus debates y resoluciones; de éstas se promulgarán las que no deban permanecer ocultas, según el acuerdo de cada una; y siempre que lo reclame la quinta parte de los miembros presentes, deberán expresarse nominalmente los votos de sus individuos sobre toda moción o deliberación.

Artículo 65. Ninguna de las dos Cámaras, mientras se hallen reunidas, podrá suspender sus sesiones más de tres días, sin el consentimiento de la otra, ni emplazarse o citarse para otro lugar distinto de aquél en que residieren las dos sin el mismo consentimiento.

Artículo 66. Los Representantes y Senadores recibirán por sus servicios la indemnización que la ley les señale sobre los fondos comunes de la Confederación, computándose por el Congreso el tiempo que deben haber invertido en venir de sus domicilios al lugar de la reunión y restituirse a ellos concluidas las sesiones.

Sección sexta. Tiempo, lugar y duración de las sesiones legislativas de ambas Cámaras

Artículo 67. El día quince de enero de cada año se verificará la apertura del Congreso en la ciudad Federal que está señalada por ley particular y que nunca podrá ser la capital de ninguna Provincia y sus sesiones no podrán exceder del término ordinario de un mes; pero si se creyese necesario prorrogarlas extraordinariamente, deberá preceder una resolución expresa del Congreso, señalando un término definido que no podrá exceder tampoco de otro mes prorrogable del mismo modo; y si antes de concluirse cualquiera de estos determinados periodos hubiere dado evasión a los negocios que llamaron su atención, podrá terminar desde luego sus sesiones.

Artículo 68. Durante éstas, podrá también disolverse y emplazarse para otro tiempo y lugar, expresa y previamente designados; y el Poder Ejecutivo no podrá tener otra intervención en estas resoluciones, sino la de fijar, en caso de discordia entre las Cámaras, sobre el tiempo y lugar, un término que no exceda el mayor de la disputa para la reunión en el mismo lugar en que se encontraren entonces.

Artículo 69. La inmunidad personal de los Representantes y Senadores, en todos los casos, excepto los prevenidos en el párrafo setenta y uno y los de traición o perturbación de la paz pública, se reduce a no poder ser aprisionados durante el tiempo que desempeñan sus funciones sus funciones legislativas y el que gastarán en venir a ellas o restituirse a sus domicilios y no poder ser responsables de sus discursos u opiniones en otro lugar que en la Cámara en que los hubiesen expresado.

Artículo 70. Ninguno de ellos durante el tiempo para que ha sido elegido y aunque no esté en ejercicio de sus funciones, podrá aceptar empleos, ni cargo alguno, civil que hayan sido creado o aumentado en sueldos o emolumentos durante el tiempo de su autoridad legislativa.

Sección séptima. Atribuciones especiales del Poder Legislativo

Artículo 71. El Congreso tendrá pleno poder y autoridad:

1. De levantar y mantener ejércitos para la defensa común y disminuirlos oportunamente;

2. De construir, equipar y mantener una marina nacional;

3. De formar reglamentos y ordenanzas para el gobierno, administración y disciplina de las referidas tropas de tierra y mar;

4. De hacer reunir las milicias de todas las Provincias o parte de ellas, cuando lo exija la ejecución de las leyes de la unión y sea necesario contener las insurrecciones y repeler las invasiones;

5. De disponer la organización, armamento y disciplina de las referidas milicias y la administración y gobierno de la parte de ella que estuviere empleada en servicio del Estado, reservando a las Provincias la nominación de sus respectivos Oficiales, en la forma que prescribieren sus constituciones particulares y la facultad de dirigir, citar y ejecutar por sí mismas la enseñanza de la disciplina ordenada por el Congreso;

6. De establecer y percibir toda suerte de impuestos, derechos y contribuciones que sean necesarios para sostener los ejércitos y escuadras, siempre que lo exijan la defensa y seguridad común y el bien general del Estado, con tal que las referidas contribuciones se impongan y perciban uniformemente en todo el territorio de la Confederación;

7. De contraer deudas por medio de empréstito de dinero sobre el crédito del Estado;

8. De reglar el comercio con las naciones extranjeras, determinando la cuota de sus contribuciones y la recaudación e inversión de sus productos en las exigencias comunes y para reglar el de las Provincias entre sí;

9. De disponer absolutamente del ramo del tabaco, mó y chimó, derechos de importación y exportación, reglando y dirigiendo en todas la inversión de los gastos y la recolección de los productos que han de entrar por ahora a la Tesorería nacional, como renta privilegiada de la Confederación y la más propia para servir a la defensa y seguridad común;

10. De acuñar y batir moneda, determinar su valor y el de las extranjeras, introducir la de papel si fuere necesario y fijar uniformemente los pesos y medidas en toda la extensión de la Confederación;

11. De arreglar y establecer las postas, correos generales del Estado y asignar la contribución para ellas y para designar los grandes caminos, dejando al cargo y deliberación de las Provincias las ramificaciones secundarias que faciliten la

comunicación de sus pueblos interiores entre sí y con las vías generales;

12. De declarar la guerra y hacer la paz, conceder en todo tiempo patentes de corso y de represalias y establecer reglamentos para presas de tierra y de mar; sea para conocer y decidir sobre su legalidad, como para determinar el modo con que deban dividirse y emplearse;

13. De hacer leyes sobre el modo de juzgar y castigar las piraterías y todos los atentados cometidos en alta mar contra el derecho de gentes;

14. De constituir Tribunales inferiores, que conozcan de los asuntos propios de la Confederación en todo el territorio del Estado, bajo la autoridad y jurisdicción del Supremo Tribunal de Justicia y detallar los Agentes subalternos del Poder Ejecutivo en el mismo territorio que no expresare esta Constitución;

15. De establecer una forma permanente de naturalización en todas las provincias de la unión y leyes sobre las bancarrotas;

16. De formar las relativas al castigo de los falsificadores de efectos públicos y de la moneda corriente del Estado;

17. De ejercer su derecho exclusivo de legislación en todos los casos, sobre toda suerte de objetos del resorte legislativo, federal o provincial en el lugar donde, por consentimiento de los Representantes de los Pueblos que componen y se unieren

a la Confederación, se determinare fijar en último resorte la residencia del Gobierno federal;

18. De examinar todas las leyes que formasen las Legislaturas provinciales y exponer su dictamen sobre si oponen o no a la autoridad de la Confederación; y de hacer todas las leyes y ordenanzas que sean necesarias y propias a poner en ejecución los poderes antecedentes y todos los otros concedidos por esta Constitución al Gobierno de los Estados Unidos.

Capítulo tercero. Del Poder Ejecutivo

Sección primera. De su naturaleza, cualidades y duración

Artículo 72. El Poder Ejecutivo constitucional de la Confederación residirá en la Ciudad federal depositado en tres individuos elegidos popularmente y los que lo fueren deberán tener las cualidades siguientes.

Artículo 73. Han de ser nacidos en el continente Colombiano o sus islas (llamado antes América Española) y han de haber residido en el territorio de la unión diez años inmediatamente antes de ser elegidos con las excepciones prevenidas en el parágrafo dieciséis, sobre residencia y domicilio para los Representantes, debiendo además gozar alguna propiedad de cualquiera clase en bienes libres.

Artículo 74. No están excluidos de la elección los nacidos en la Península Española e Islas Canarias, que hallándose en Venezuela al tiempo de su Independencia política, la reconocieron, juraron y contribuyeron a sostenerla y que tengan además la propiedad y años de residencia prescritas en el anterior (parágrafo).

Artículo 75. La duración de sus funciones será de cuatro años y al cabo de ellos serán reemplazados los tres individuos del Poder Ejecutivo en la misma forma que ellos fueron elegidos.

Sección segunda. Elección del Poder Ejecutivo

Artículo 76. Luego que se hallen reunidas el día quince de noviembre cada cuatro años las Congregaciones electorales que para la elección de Representantes designa el parágrafo veintidós y hayan hecho la de éstos, procederán el día siguiente a dar su voto los mismos electores por escrito u de palabra, para los individuos que han de componer el Poder Ejecutivo federal.

Artículo 77. Cada Elector nombrará tres personas, de las cuales una, cuando menos, ha de ser habitante de otra Provincia distinta de la en que vota.

Artículo 78. Concluida la votación, verificado el cálculo y escrutinio y publicado en voz alta como en la elección de Representantes, se formarán con distinción las listas de las personas en quienes se hubiere votado para miembros del Poder Ejecutivo con expresión del número de votos que cada uno hubiese obtenido.

Artículo 79. Estas listas se firmarán. Y certificarán por el Presidente, Electores y Secretario de las respectivas Congregaciones y se remitirán cerradas y selladas al Presidente que fuere del Senado de la Confederación.

Artículo 80. Luego que éste las haya recibido, las abrirá todas a presencia del Senado y Cámara de Representantes, que a este fin se hallarán reunidos en una sala para contar los votos.

Artículo 81. Las tres personas que hubieran reunido mayor número de votos para miembros del Poder Ejecutivo lo serán, si el tal número compusiese las tres mayorías del número total de los Electores presentes en todas las Congregaciones del Estado; si ninguno hubiese obtenido esta mayoría, se tomarán entonces las nueve personas que hubiesen reunido mayor número de votos y de ellos escogerá tres por cédulas la Cámara de Representantes para componer el Poder Ejecutivo que lo serán aquellas. Que obtuvieran una mayoría de la mitad de los miembros de la Cámara que se hallaren presentes a la elección.

Artículo 82. Si alguno obtuviese esta mayoría escogerá el Senado por cédulas tres entre las seis personas que hubiesen sacado más votos en la Cámara y quedarán elegidos los que reúnan mayor número en el Senado. Todas estas operaciones de las cámaras se harán también quedando no los tres, sino uno o dos, sean los que no hayan obtenidos la mayoría absoluta, escogiéndose en tales casos el número doble o triple que esta designado para los tres, en su proporción respectiva.

Artículo 83. El ascendiente y descendiente en línea recta, los hermanos, el tío y el sobrino, los primos hermanos y los aliados por afinidad en los referidos grados, no podrán ser a un mismo tiempo miembros del Poder Ejecutivo. En caso de resultar electos dos parientes en los grados insinuados quedará excluido el que hubiere obtenido menor número de votos; y en caso de igualdad decidirá la suerte la exclusión.

Artículo 84. El que obtenga en el cálculo de ambas Cámaras la mayoría más inmediata a las tres requeridas para los miembros del Poder Ejecutivo, se tendrá por elegido para Lugar teniente de éste en las ausencias, enfermedades, muerte, renuncia o deposición de algunos de los miembros; y si resultasen dos con igualdad de votos, sorteará la Cámara el que haya de quedar en este caso.

Artículo 85. Cuando por alguno de las causas indicadas faltase alguno de los miembros del Poder Ejecutivo y entrase en su lugar el Teniente de que habla el parágrafo anterior, se entenderá nombrado desde luego para reemplazarle el que hubiese obtenido en las elecciones la inmediata mayoría de votos, que valdrá del mismo modo a los demás en las faltas y reemplazos sucesivos.

Sección tercera. Atribuciones de Poder Ejecutivo

Artículo 86. El Poder Ejecutivo tendrá en toda la confederación el mando supremo de las armas de mar y tierra y las milicias nacionales cuando se hallen en servicio de la Nación.

Artículo 87. Podrá pedir y deberán darle los principales oficiales del resorte Ejecutivo en todos sus ramos, cuantos informes necesitare por escrito o de palabra relativos a la buena administración general Estado y desempeño de la confianza respectiva que depositare en los empleados públicos de todas clases.

Artículo 88. En favor y amparo de la humanidad podrá perdonar y mitigar la pena aunque sea capital en los crímenes de Estado y no en otros; pero debe consultar al Poder Judicial expresándole las razones de conveniencia política que lo inducen a ello y solo podrá tener efecto el perdón o conmutación cuando sea favorable el dictamen de los Jueces que hayan actuado en el proceso.

Artículo 89. Solo en el caso de injusticia evidente y notoria, que irrogue perjuicio irreparable, podrá rechazar y dejar sin efecto las sentencias que le pase el Poder Judicial, procurando por solo su dictamen crea que éstas son contrarias a la ley, deberá pasar en consulta sus reparos al Senado, cuando está reunido o a la comisión que él dejará autorizada en su receso para ocurrir a estos casos.

Artículo 90. El Senado o sus Delegados en estas consultas, servirán de Jueces y pronunciarán sobre ellas definitivamente, declarando si tiene lugar o no la negativa del Poder Ejecutivo al cumplimiento de la sentencia que deberá ejecutarse en el segundo caso inmediatamente y en el primero devolverse al Poder Judicial para que asociado con dos miembros más elegidos por el Senado o su comisión, se vea la causa y reforme dicha sentencia.

Artículo 91. Pero si la sentencia hubiese recaído sobre acusación hecha por la Cámara de Representantes, solo podrá el Poder Ejecutivo suspenderla hasta la próxima reunión del Congreso, a quien solo compete en estos casos el perdón o relajamiento de la pena.

Artículo 92. Cuando una urgente utilidad y seguridad pública lo exijan, podrá el Poder Ejecutivo decretar y publicar indultos generales durante el receso del Congreso.

Artículo 93. Con previo aviso, consejo y conocimiento del Senado, sancionado por el voto de las dos terceras partes de los Senadores, que se hallaren presentes en número constitucional, podrá el Poder Ejecutivo concluir tratados y negociaciones con otras Potencias o Estados extraños a esta Confederación.

Artículo 94. Bajo las mismas condiciones y requisitos nombrará los Embajadores, Enviados, Cónsules y Ministros, los Jueces de la Alta Corte de Justicia y todos los demás Oficiales y Empleados en el Gobierno del Estado, que no estén expresamente indicados en la Constitución o por alguna Ley establecida o que se establezca por el Congreso.

Artículo 95. Por leyes particulares podrá este descargar al Poder Ejecutivo y al Senado del ímprobo trabajo de nombrar todos los subalternos del Gobierno, cometiendo su nombramiento a solo el Poder Ejecutivo, a las Cortes de Justicia o a los jefes de los varios ramos de administración según lo estimare conveniente.

Artículo 96. También necesitará el Poder Ejecutivo del previo aviso, consejo y consentimiento del Senado para conceder grados militares y otras recompensas honoríficas, compatibles con la Naturaleza del gobierno, aunque sea por acciones de guerra u otros servicios importantes; y si estas recompensas fuesen pecuniarias deberá preceder el consentimiento de la Cámara de Representantes para su consecución.

Artículo 97. Pero durante el receso del Senado, podrá el Poder Ejecutivo proveer por sí solo los empleos que vacasen, concediéndolos como en comisión hasta la Sesión siguiente, si antes no se reuniese por acaso el Senado.

Artículo 98. Por sí solo podrá el Poder Ejecutivo elegir y nombrar los sujetos que han de servir las Secretarias que el Poder Legislativo hayan creído necesarias para el despacho de todos los ramos del Gobierno federal y nombrará también los Oficiales y empleados en ellas cuando sean ciudadanos de la Confederación; pero no siéndolo deberá consultar y seguir el dictamen y deliberaciones del Senado en semejantes nombramientos.

Artículo 99. Como consecuencia de esta facultad podrá removerlos también de sus destinos cuando lo juzgue conveniente; pero si esta remoción la hiciere no por faltas o crímenes indecorosos sino por ineptitud, incapacidad u otros defectos compatibles con la inocencia e integridad, deberá entonces recomendar al Congreso el mérito anterior de estos Empleados, para que sean recompensados e indemnizaos competentemente en otros destinos, con utilidad de la Nación.

Sección cuarta. Deberes del Poder Ejecutivo

Artículo 100. El Poder Ejecutivo conformándose a las leyes y resoluciones que en varias ocurrencias le comunique el Congreso, proveerá con todos los recursos del resorte de su autoridad, a la seguridad interior y exterior del Estado, dirigiendo para esto proclamas a los pueblos del interior, intimaciones, órdenes y todo cuanto crea conveniente.

Artículo 101. Aunque por una consecuencia de estos principios puede hacer una guerra defensiva para repeler cualquier ataque imprevisto, no podrá continuarla sin el consentimiento del Congreso, que convocará inmediatamente, si no se hallare reunido y nunca podrá sin este consentimiento hacer guerra fuera del territorio de la Confederación.

Artículo 102. Todos los años presentará al Congreso en sus dos Cámaras, una razón circunstanciada del estado de la nación en sus rentas, gastos y recursos, indicándole las reformas que deban hacerse en los ramos de la administración pública y todo lo demás que en general deba tomarse en consideración por las Cámaras, sin presentarle nunca proyectos de ley, formados o redactados como tales.

Artículo 103. En todo tiempo dará también a las Cámaras las cuentas, informes e ilustraciones que por ellas se le pidan, pudiendo reservar las que por entonces no sean de publicar y en igual caso podrá reservar también del conocimiento de la Cámara de Representantes aquellas negociaciones o tratados secretos que hubiere entablado con aviso, consejo y consentimiento del Senado.

Artículo 104. En toda ocurrencia extraordinaria deberá convocar al Congreso o a una de sus Cámaras; y en caso de diferencia entre ellas sobre la época de su emplazamiento, podrá fijarles un término para su reunión, como se previene en el parágrafo 68.

Artículo 105. Será uno de sus principales deberes velar sobre la exacta, fiel e inviolable ejecución de las leyes; y para esto y cualquiera otra medida del resorte de su autoridad, podrá delegarla en los oficiales y empleados del Estado que se estimare conveniente al mejor desempeño de esta importante obligación.

Artículo 106. Para los mismos fines y arreglándose a la forma que prescribiere el Congreso, podrá el Poder Ejecutivo comisionar cerca de los Tribunales y Cortes de justicia de la Confederación, Agentes o Delegados para requerirlas sobre la observancia de las formas legales y exacta aplicación de las leyes antes de terminarse los juicios, comunicando al Congreso las reformas que crea necesarias, según el informe de estos comisionados.

Artículo 107. El Poder Ejecutivo como jefe permanente del Estado, será el que reciba a nombre suyo los Embajadores y demás Enviados y Ministro públicos de las naciones extranjeras.

Sección quinta. Disposiciones generales relativas al Poder Ejecutivo

Artículo 108. Los Poderes Ejecutivos provinciales o los Jefes encargados del gobierno de las Provincias, serán en ella los Agentes naturales e inmediatos del Poder Ejecutivo federal, para todo aquello que por el Congreso general no estuviere cometido a Empleados particulares en los ramos de Marina, Ejército y Hacienda Nacional en los puertos y plazas de las Provincias.

Artículo 109. Inmediatamente que el Poder Ejecutivo o alguno de sus miembros sean acusados y convencidos ante el Senado de traición, venalidad o usurpación, serán desde luego destituidos de sus funciones y sujetos a las consecuencias de este juicio que se expresan en el parágrafo 58.

Capítulo cuarto. Del Poder Judicial

Sección primera. Naturaleza, elección y duración de este Poder

Artículo 110. El Poder Judicial de la Confederación estará depositado en una Corte Suprema de justicia, residente en la ciudad federal y los demás Tribunales subalternos y juzgados inferiores que el Congreso estableciere temporalmente en el territorio de la unión.

Artículo 111. Los ministros de la Corte Suprema de justicia y los de las demás Cortes subalternas, serán nombrados por El Poder Ejecutivo en la forma prescripta en el parágrafo 94.

Artículo 112. El Congreso señalará y determinará el número de Ministros que deben componer las Cortes de Justicia, con tal que los elegidos sean de edad de treinta años para la Suprema y de veinticinco para las demás y tengan las calidades de vecindad, concepto, probidad y sean Abogados recibidos en el Estado.

Artículo 113. Todos ellos conservarán sus empleos por el tiempo que no se hagan incapaces de continuar en ellos por su mala conducta.

Artículo 114. En periodos fijos determinados por la ley, recibirán por este servicio los sueldos que se les asignaren y que no podrán ser en manera alguna disminuidos, mientras permanecieren en sus respectivas funciones.

Sección segunda. Atribuciones del Poder Judicial

Artículo 115. El Poder Judicial de la Confederación estará circunscripto a los casos cometidos por ella; y son:

1. Todos los asuntos contenciosos, civiles o criminales que se deriven del contenido de esta Constitución;

2. Los tratados o negociaciones hechas bajo su autoridad;

3. Todo lo concerniente a Embajadores, Ministros, Cónsules;

4. Los asuntos pertenecientes a Almirantazgo y jurisdicción marítima;

5. Las diferencias en que el Estado federal tenga o sea parte;

6. Las que se susciten entre dos o más Provincias;

7. Entre una Provincia y uno o muchos ciudadanos de otra;

8. Entre ciudadanos de una misma Provincia que disputaren tierras concedidas por diferentes Provincias;

9. Entre una Provincia o ciudadanos de ella y otros Estados, ciudadanos o vasallos extranjeros.

Artículo 116. En estos casos ejercerá su autoridad la Suprema Corte de justicia por apelación, según las reglas y excepciones que le prescribiere el Congreso; pero en todos los concernientes a Embajadores, Ministros y Cónsules y en los que alguna Provincia fuere parte interesada, la ejercerá exclusiva y originalmente.

Artículo 117. Todos los juicios criminales ordinarios que no se deriven del derecho de acusación concedido a la Cámara de Representantes por el parágrafo cuarenta y cuatro, se terminarán por jurados luego que se establezca en Venezuela este sistema de legislación criminal, cuyo delito; pero cuando el crimen sea fuera de los límites de la Confederación contra el derecho de gentes, determinara el Congreso por una ley particular el lugar en que haya seguirse el juicio.

Artículo 118. La Suprema Corte de justicia tendrá el derecho exclusivo de examinar, aprobar y expedir títulos a todos los Abogados de la Confederación que acrediten sus estudios con testimonio de su respectivo Gobierno; y los que los obtengan en esta forma, estarán autorizados para abogar en toda ella, aun donde haya colegios de Abogados, cuyos privilegios exclusivos para actuación, quedan derogados y tendrán opción a los empleos y comisiones propias esta profesión; siendo presentados los referidos títulos el Poder Ejecutivo de la unión, antes de ejercerla, para que les ponga el correspondiente pase; lo que igualmente se practicará con los Abogados que habiendo sido recibidos fuera de Venezuela, quieran abogar en ella.

Capítulo quinto

Sección primera. De las provincias. Límites de la autoridad de cada una

Artículo 119. Ninguna provincia particular puede ejercer acto alguno que corresponda a las atribuciones concedidas al Congreso y al Poder Ejecutivo de la Confederación, ni hacer ley que comprometa los contratos generales de ella.

Artículo 120. Por consiguiente, ni dos, ni más Provincias, pueden formar alianzas o Confederaciones entre sí, concluir tratados particulares sin el consentimiento del Congreso; y para obtenerlo deben especificarle el fin, términos y duración de esos tratados o convenciones particulares.

Artículo 121. Tampoco pueden sin los mismos requisitos y consentimiento, levantar ni mantener tropas o bajeles de guerra en tiempos de paz, ni entablar o concluir pactos, estipulaciones, ni convenios con ninguna potencia extranjera.

Artículo 122. De los mismos requisitos y anuencia necesitan para poder establecer derechos de tonelada, importación y exportación al comercia extranjero en sus respectivos Puertos y al comercio interior y de cabotaje entre sí; pues las leyes generales de la unión deben procurar uniformarlo en la libertad de toda suerte de trabas funestas a su prosperidad.

Artículo 123. Sin los mismos requisitos y consentimiento no podrán emprender otra guerra que la puramente defensiva en un ataque repentino o riesgo inminente, e inevitable de ser atacadas, dando inmediatamente parte de estas ocurrencias al Gobierno Federal para que provea a ellas oportunamente.

Artículo 124. Para que las leyes particulares de las Provincias no puedan nunca entorpecer la marcha de las federales, se someterán siempre al juicio del Congreso antes de tener fuerza y valor de tales en sus respectivos departamentos, pudiéndose entre tanto llevar a ejecución mientras las revele el Congreso.

Sección segunda. Correspondencia recíproca entre sí
Artículo 125. Los actos públicos de todas clases y las sentencias judiciales sancionadas por los Poderes Magistrados y Jueces de un Provincia, tendrán entera fe y crédito en todas las demás conforme a las leyes generales que el Congreso estableciere para el uniforme e invariable efecto de estos actos y documentos.

Artículo 126. Todo hombre libre de una Provincia, sin nota de vago o reato judicial, gozara en las demás de todos los derechos de ciudadano libre de ellas; y los habitantes de una, tendrán libre y franca la entrada y salida en las otras y gozarán en ellas de todas las ventajas y beneficios de su industria, comercio e instrucción, sujetándose a las leyes, impuestos y restricciones del territorio en que se hallaren, con tal que estas leyes no se dirijan a impedir la traslación de una propiedad en una Provincia, para cualquiera de las otras que quisiere el propietario.

Artículo 127. Las Provincias a requerimiento de sus respectivos Poderes Ejecutivos, se entregarán recíprocamente cualesquiera de los reos acusados de crimen de Estado, hurto, homicidio u otros graves, refugiados en ellas, para que sean juzgados por autoridad provincial a que corresponda.

Sección tercera. Aumento sucesivo de la Confederación
Artículo 128. Luego que libres de la opresión que sufren las Provincias de Coro, Maracaibo y Guayana, puedan y quieran unirse a la Confederación, serán admitidas a ella, sin que la violenta separación en que a su pesar y el nuestro han permanecido, pueda alterar para con ellas los principios de igualdad, justicia y fraternidad, de que gozarán luego como todas las demás Provincias de la unión.

Artículo 129. Del mismo modo y bajo los mismos principios serán también admitidas e incorporadas cualesquiera otras del continente Colombiano (antes América Española) que quieran unirse bajo las condiciones y garantías necesarias para fortificar la unión con en el aumento y enlace de sus partes integrantes.

Artículo 130. Aunque el conocimiento, examen y resolución de estas materias y cualesquiera otras que tengan relación con ellas, es del exclusivo resorte del Congreso, durante el tiempo de su seceso podrá el Poder Ejecutivo promover y ejecutar cuanto convenga a los progresos de la Unión, bajo las reglas que para ello le prescribiere el Congreso.

Artículo 131. A éste toca también conocer exclusivamente de la formación o establecimiento de nuevas Provincias en la Confederación ya sea por división del territorio de otra o por la reunión de dos o más o de partes de cada una de ellas; pero nunca quedará concluido el establecimiento sin el acuerdo y consentimiento del Congreso y de las Provincias interesadas en la reunión o división.

Artículo 132. El Congreso será igualmente árbitro para disponer de todo el Territorio y propiedad del Estado bajo las leyes, reglamentos y ordenanzas que para ello expidiere, con tal que en ellas no se altere, ni interprete parte alguna de esta Constitución, de modo que dañe a los derechos generales de la Unión o a los particulares de las Provincias.

Sección cuarta. Mutua garantía de las Provincias entre sí
Artículo 133. El Gobierno de la Unión asegura y garantiza a las Provincias la forma de Gobierno Republicano que cada una de ellas adoptare para la administración de sus negocios domésticos: sin aprobar Constitución alguna Provincial que se oponga a los principios liberales, francos de representación admitidos en ésta, ni consentir que en tiempo alguno se establezca otra forma de Gobierno en toda la Confederación.

Artículo 134. También afianza a las mismas Provincias su libertad e independencia recíprocas en la parte de su Soberanía que se han reservado; y siendo justo y necesario protegerá y auxiliará a cada una de ellas contra toda invasión o violencia doméstica, con la plenitud de poder y fuerza que se le confía para la conservación de la paz y seguridad general; siempre que fuere requerido para ello por la Legislatura provincial o por el Poder Ejecutivo cuando el Legislativo no estuviere reunido, ni pudiere ser convocado.

Capítulo sexto. Revisión y reforma de la Constitución

Artículo 135. En todos los casos en que las dos terceras partes de cada una de las Cámaras del Congreso o de las Legislaturas provinciales se propusieren y aprobaren original y recíprocamente algunas reformas o alteraciones que crean necesarias en esta Constitución, se tendrán éstas por válidas y harán desde entonces parte de la misma Constitución.

Artículo 136. Ya provenga la reforma del Congreso o de las Legislaturas, permanecerán los Artículos sometidos a la reforma en toda su fuerza y vigor, hasta que uno de los Cuerpos autorizando para ella, haya aprobado y sancionado lo propuesto por el otro en la forma prevenida en el parágrafo anterior.

Capítulo séptimo. Sanción o ratificación de la Constitución

Artículo 137. El pueblo de cada Provincia por medio de convenciones particulares, reunidas expresamente para el caso o por el órgano de sus Electores capitulares, autorizados determinadamente al intento o por la voz de los Sufragantes parroquiales que hayan formado las Asambleas primarias para la elección de Representantes, expresará solemnemente su voluntad libre y espontánea de aceptar, rechazar o modificar en todo o en parte esta Constitución.

Artículo 138. Leída la presente Constitución a las Corporaciones que hubiere hecho formar cada gobierno provincial según el Artículo anterior, para su aprobación y verificada ésta con las modificaciones o alteraciones que ocurrieren por pluralidad, se jurará su observancia solemnemente y se procederá dentro de tercero día a nombrar los funcionarios que les correspondan de los poderes que formen la Representación nacional, cuya elección se hará en todo caso por los Electores que van designados.

Artículo 139. El resultado de ambas operaciones se comunicará por las respectivas Municipalidades al Gobierno de su Provincia, para que presentándolo al Congreso cuando se reúna, se resuelva por él lo conveniente.

Artículo 140. Las Provincias que se incorporen de nuevo a la Confederación, llenarán en su oportunidad estas mismas formalidades; aunque el no hacerlo ahora por causas poderosas o insuperables, no será obstáculo para reunirse en el momento en que sus Gobiernos lo pidan por Comisionados o Delegados al Congreso, cuando esté reunido o al Poder Ejecutivo durante el receso.

Capítulo octavo. Derechos del hombre que se reconocerán y respetarán en toda la extensión del Estado

Sección primera. Soberanía del pueblo

Artículo 141. Después de constituidos los hombres en sociedad, han renunciados a aquella libertad ilimitada y licenciosa a que fácilmente los conducían a sus pasiones propias solo del estado salvaje. El establecimiento de la sociedad presupone la renuncia de estos derechos funestos, la adquisición de otros más dulces y pacíficos, y la sujeción a ciertos deberes mutuos.

Artículo 142. El pacto social asegura a cada individuo el goce y posesión de sus bienes, sin lesión del derecho que los demás tengan a los suyos.

Artículo 143. Una sociedad de hombres reunidos bajo unas mismas leyes, costumbres y gobierno, forma una soberanía.

Artículo 144. La soberanía de un país o supremo poder de reglar y dirigir equitativamente los intereses de la comunidad reside, pues, esencial y originariamente en la masa general de sus habitantes y se ejercita por medio de Apoderados o Representantes de éstos, nombrados y establecidos conformes a la Constitución.

Artículo 145. Ningún individuo, ninguna familia, ninguna porción o reunión de ciudadanos, ninguna corporación particular, ningún pueblo, ciudad o partido, puede atribuirse la soberanía de la sociedad, que es imprescriptible, inajenable e indivisible en su esencia y origen, ni persona alguna podrá ejercer cualquiera función pública del gobierno, sino la ha obtenido por la Constitución.

Artículo 146. Los Magistrados y oficiales del Gobierno, investidos de cualquiera especie de autoridad, sea en el Departamento Legislativo, en el Ejecutivo o en el Judicial, son de consiguiente meros Agentes y representantes del pueblo en las funciones que ejercen y en todo tiempo responsables a los hombres o habitantes de su conducta pública por vías legítimas y constitucionales.

Artículo 147. Todos los ciudadanos tienen derecho indistintamente a los empleos públicos, del modo, en las formas y con las condiciones prescriptas por la ley, no siendo aquéllos la propiedad exclusiva de alguna clase de hombres en particular; y ningún hombre, corporación o asociación de hombres, tendrá otro título para obtener ventajas y consideraciones particulares, distintas de las de los otros en la opción a los empleos que forman una carrera pública: sino el que proviene de los servicios hechos al Estado.

Artículo 148. No siendo estos títulos ni servicios en manera alguna hereditarios por la naturaleza, ni transmisibles a los hijos, descendientes u otras relaciones de sangre, la idea de un hombre nacido magistrado, legislador, juez, militar o empleado de cualquiera suerte, es absurda y contraria a la naturaleza.

Artículo 149. La ley es la expresión libre de la voluntad general o de la mayoría de los ciudadanos, indicada por el órgano de sus Representantes legalmente constituidos. Ella se funda sobre la justicia y la utilidad común y ha de proteger la libertad pública e individual contra toda opresión o violencia.

Artículo 150. Los actos ejercidos contra cualquiera persona fuera de los casos y contra las formas que la ley determina, son inicuos y si por ellos se usurpa la autoridad constitucional o la libertad del pueblo, serán tiránicos.

Sección segunda. Derechos del hombre en sociedad

Artículo 151. El objeto de la sociedad, es la felicidad común y los Gobiernos han sido instituidos para asegurar al hombre en ella, protegiendo la mejora y perfección de sus facultades físicas y morales, aumentando la esfera de sus goces y procurándoles el más justo y honesto ejercicio de sus derechos.

Artículo 152. Estos derechos son la libertad, la igualdad, la propiedad y la seguridad.

Artículo 153. La libertad es la facultad de hacer todo lo que no daña los derechos de otros individuos, ni el cuerpo de la sociedad, cuyos límites solo pueden determinarse por la ley, porque de otra suerte serían arbitrarios y ruinosos a la misma libertad.

Artículo 154. La igualdad consiste en que la ley sea una misma para todos los Ciudadanos, sea que castigue o que proteja. Ella no reconoce distinción de nacimiento, ni herencia de poderes.

Artículo 155. La propiedad es el derecho que cada uno tiene de gozar y disponer de los bienes que haya adquirido con su trabajo e industria.

Artículo 156. La seguridad existe en la garantía y protección que da la sociedad a cada uno de sus miembros sobre la conservación de su persona, de sus derechos y de sus propiedades.

Artículo 157. No se puede impedir lo que no está prohibido por la ley y ninguno podrá ser obligado a hacer lo que ella no prescribe.

Artículo 158. Tampoco podrán los Ciudadanos ser reconvenidos en juicio, acusados, presos ni detenidos, sino en los casos y en las formas determinadas por la ley; y el que provocare, expidiere, suscribiere, ejecutare o hiciere ejecutar órdenes y actos arbitrarios, deberá ser castigado; pero todo Ciudadano que fuese llamado o aprehendido en virtud de la ley, debe obedecer al instante, pues se hace culpable por la resistencia.

Artículo 159. Todo hombre debe presumirse inocente hasta que no haya sido culpable con arreglo a las leyes; y si entre tanto se juzga indispensable asegurar su persona; cualquier rigor que no sea para esto sumamente necesario, debe ser reprimido.

Artículo 160. Ninguno podrá ser juzgado, ni condenado al sufrimiento de alguna pena en materias criminales, sino después que haya sido oído legalmente, Toda persona en semejante casos tendrá derecho para pedir el motivo de la acusación intentada contra ella y conocer de su naturaleza para ser confrontada con sus acusadores; y testigos contrarios, para producir otros en su favor y cuantas pruebas puedan serle favorables dentro de los términos reglares, por sí, por su poder o por defensor de su elección y ninguna será compelida, ni forzada en ninguna causa a dar testimonio contra sí misma como tampoco los ascendientes, ni colaterales, hasta el cuarto grado civil de consanguinidad y segunda de afinidad.

Artículo 161. El Congreso, con la brevedad posible, establecerá por una ley detalladamente el juicio por jurados para los casos criminales u civiles, a que comúnmente se aplica en otras naciones, con todas las formas propias de este procedimiento y hará entonces las declaraciones que aquí correspondan en favor de la libertad y seguridad personal, para que sean parte de ésta y se observen en todo el Estado.

Artículo 162. Toda persona tiene derecho a estar segura de que no sufrirá pesquisa alguna, registro, averiguación, capturas o embargos irregulares o indebidos de su persona, su casa y sus bienes; y cualquiera orden de los Magistrados para registrar lugares sospechosos sin probabilidad de algún hecho grave que los exija, ni expresa designación de los referidos lugares o para apoderarse de alguna o algunas personas y de sus propiedades, sin nombrarlas, ni indicar los motivos del procedimiento, ni que haya precedido testimonio o disposición jurada de personas creíbles, será contraria a aquel derecho, peligrosa a la libertad y no deberá expedirse.

Artículo 163. La casa de todo Ciudadano es un asilo inviolable. Ninguno tiene derecho de entrar en ella, sino en los casos de incendio, inundación o reclamación que provenga del interior de la misma casa o cuando lo exija algún procedimiento criminal conforme a las leyes, bajo la responsabilidad de las autoridades constituidas que expidieron los decretos: las visitas domiciliarias y ejecuciones civiles solo podrán hacerse de día, en virtud de la ley y con respecto a la persona y objetos, expresamente indicados en el acta que ordenare la visita; o la ejecución.

Artículo 164. Cuando se acordaren por pública autoridad semejantes actos, se limitarán éstos a la persona y objetos expresamente indicados en los decretos en que se ordena la visita y ejecución, el cual no podrá extenderse al registro y examen de los papeles particulares, pues éstos deben mirarse como inviolables; igualmente que las correspondencias epistolares de todos los Ciudadanos que no podrán ser interceptados por ninguna autoridad, ni tales documentos probarán nada en juicio, sino es que se exhiban por la misma persona a quien se hubiesen dirigido por su autor y nunca por otra tercera, ni por el reprobado medio de la interceptación. Se exceptúan los delitos de alta traición contra el Estado, el de falsedad y demás que se cometen y ejecuten precisamente por la escritura, en cuyo caso se procederá al registro, examen y aprehensión de tales documentos con arreglo a lo dispuesto por las leyes.

Artículo 165. Todo individuo de la sociedad teniendo derecho a ser protegido por ella en goce de su vida, de su libertad y de sus propiedades con arreglo a las leyes, está obligado por consiguiente a contribuir por su parte a las expensas do esta protección y a prestar sus servicios personales o un equivalente de ellos cuando sea necesario; pero ninguno podrá ser privado de la menor porción de su propiedad, ni ésta podrá aplicarse a usos públicos, sin su propio consentimiento o el de los Cuerpos Legislativos representantes del Pueblo; y cuando alguna pública necesidad legalmente comprobada exigiere que la propiedad de algún Ciudadano se aplique a usos semejantes, deberá recibir por ella una justa indemnización.

Artículo 166. Ningún subsidio carga, impuesto, tasa o contribución podrá establecerse, ni cobrarse, bajo cualquiera pretexto que sea, sin el consentimiento del Pueblo expresado por órgano de sus Representantes. Todas las contribuciones tienen por objeto la utilidad general y los Ciudadanos el derecho de vigilar sobre su inversión y de hacerse dar cuenta de ellas por el referido conducto.

Artículo 167. Ningún género de trabajo, de cultura, de industria o de comercio serán prohibidos a los ciudadanos, excepto aquéllos que ahora forman la subsistencia del Estado, que después oportunamente se libertarán cuando el Congreso lo considere útil y conveniente a la causa pública.

Artículo 168. La libertad de reclamar cada ciudadano sus derechos ante los depositarios de la autoridad pública, con la moderación y respeto debidos, en ningún caso podrá impedirse ni limitarse. Todos, por el contrario, deberán hallar un remedio pronto y seguro, con arreglo a las leyes, de las injurias y daños que sufrieren en sus personas, en sus propiedades, en su honor y estimación.

Artículo 169. Todos los extranjeros, de cualquiera nación, se recibirán en el Estado. Sus personas y propiedades gozarán de la misma seguridad que las de los demás ciudadanos, siempre que respeten la Religión Católica, única del País y que reconozcan la independencia de estos pueblos, su soberanía y las autoridades constituidas por la voluntad general de sus habitantes.

Artículo 170. Ninguna ley criminal, ni civil podrá tener efecto retroactivo y cualquiera que se haga para juzgar o castigar acciones cometidas antes que ella exista será tenida por injusta opresiva e inconforme con los principios fundamentales de un Gobierno libre.

Artículo 171. Nunca se exigirán cauciones excesivas ni se impondrán penas pecuniarias desproporcionadas con los delitos, ni se condenarán los hombres a castigos, crueles, ridículos y desusados. Las leyes sanguinarias deben disminuirse, como que su frecuente aplicación es inconducente a la salud del Estado y no menos injusta que impolítica, siendo el verdadero designio de los castigos, corregir y no exterminar el género humano.

Artículo 172. Todo tratamiento que agrave la pena determinada por ley, es un delito.

Artículo 173. El uso de la tortura queda abolida perpetuamente.

Artículo 174. Toda persona que fuere legalmente detenida o presa, deberá ponerse en libertad luego que dé caución o fianza suficiente, excepto en los casos en que haya pruebas evidentes o grande presunción de delitos capitales. Si la prisión proviene de deudas y no hubiere evidencia o vehemente presunción de fraude, tampoco deberá permanecer en ella, luego que sus bienes se hayan puesto a la disposición de sus respectivos acreedores, conforme a las leyes.

Artículo 175. Ninguna sentencia pronunciada por traición contra el Estado o cualquiera otro delito arrastrará infamia a los hijos, descendientes del reo.

Artículo 176. Ningún ciudadano de las Provincias del Estado, excepto los que estuvieron empleados en el ejército, en la marina o en las milicias, que se hallaren en actual servicio, deberá sujetarse a las leyes militares, ni sufrir castigos provenidos de ellas.

Artículo 177. Los militares en tiempo de paz, no podrán acuartelarse, ni tomar alojamiento en las casas de los demás ciudadanos sin el consentimiento de sus dueños, ni en tiempo de guerra, sino por orden de los Magistrados civiles, conforme a las leyes.

Artículo 178. Una milicia bien reglada e instruida, compuesta de los ciudadanos, es la defensa natural más conveniente y más segura a un Estado libre. No deberá haber por tanto tropas veteranas en tiempo de paz, sino las rigurosamente precisas para la seguridad del país, con el consentimiento del Congreso.

Artículo 179. Tampoco se impedirá los ciudadanos el derecho de tener y llevar armas lícitas y permitidas para su defensa; y el Poder Militar en todos casos se conservará en una exacta subordinación a la autoridad civil y será dirigido por ella.

Artículo 180. No habrá fuero alguno personal: solo la naturaleza de las materias determinará los Magistrados a que pertenezca su conocimiento; y los empleados de cualquier ramo, en los casos que ocurren sobre asuntos que no fueran propios de su profesión y carrera, se sujetarán al juicio de los Magistrados y Tribunales ordinarios, como los demás ciudadanos.

Artículo 181. Será libre el derecho de manifestar los pensamientos por medio de la imprenta; pero cualquiera que lo ejerza se hará responsable a las leyes, si ataca y perturba con sus opiniones la tranquilidad pública, el dogma, la moral cristiana, la propiedad y estimación de algún ciudadano.

Artículo 182. Las Legislaturas provinciales tendrán el derecho de petición al Congreso y no se impedirá a los habitantes a reunirse ordenada y pacíficamente en sus respectivas Parroquias para consultarse y tratar sobre sus intereses, dar instrucciones a sus Representantes en el Congreso o en la Provincia o dirigir peticiones al o al otro Cuerpo legislativo, sobre reparación de agravios o males que sufran en sus propios negocios.

Artículo 183. Para todos estos casos deberá preceder necesariamente solicitud expresa por escrito de los padres de familia y hombres buenos de la Parroquia, cuando menos en número de seis, pidiendo la reunión a la respectiva Municipalidad y ésta determinará el día, comisionará algún Magistrado o persona respetable del partido para que presida la Junta y después de concluida y extendida la acta, la remita a la Municipalidad que dará la dirección conveniente.

Artículo 184. A estas Juntas solo podrán concurrir los ciudadanos sufragantes o electores y las Legislaturas no están absolutamente obligadas a conceder las peticiones, sino a tomarlas en consideración para proceder sus funciones del modo que pareciere más conforme al bien general.

Artículo 185. El poder suspender las leyes o de detener su ejecución, nunca deberá ejercitarse, sino por las Legislaturas respectivas o por autoridad dimanada de ellas para solo aquellos casos particulares que hubieren expresamente provisto fuera de los que se expresa la Constitución; y toda suspensión o detención que se haga en virtud de cualquiera autoridad sin el consentimiento de los Representantes del Pueblo, se rechazará como un atentado a sus derechos.

Artículo 186. El Poder Legislativo suplirá provisionalmente a todos los casos en que la Constitución respectiva estuviera muda y proveerá con oportunidad arreglándose a la misma Constitución la adicción o reforma que pareciere necesario hacer en ella.

Artículo 187. El derecho del Pueblo para participar en la Legislatura es la mayor seguridad y el más firme fundamento de un gobierno libre; por tanto, es preciso que las elecciones sean libres y frecuentes y que los ciudadanos en quienes concurran las calificaciones de moderadas propiedades y demás que procuran un mayor interés a la comunidad, tengan derecho para sufragar y elegir los miembros de la Legislatura a épocas señaladas y poco distantes como previene la Constitución.

Artículo 188. Una dilatada continuación en los principales funcionarios del Poder Ejecutivo, es peligrosa a la libertad; y esta circunstancia reclama poderosamente una rotación periódica entre los miembros del referido Departamento para asegurarla.

Artículo 189. Los tres departamentos esenciales del Gobierno, a saber: el Legislativo; el Ejecutivo y el Judicial, es preciso que se conserven tan separados, e independientes el uno del otro, cuando lo exija la naturaleza de un Gobierno libre o cuanto es conveniente con cadena de conexión que liga toda la fábrica de la Constitución en un modo indisoluble de amistad y unión.

Artículo 190. La emigración de unas Provincias a otras será enteramente libre.

Artículo 191. Los Gobiernos se han constituidos para la felicidad común, para la protección y seguridad de los Pueblos que los componen y no para el beneficio, honor o privado interés de algún hombre, de alguna familia; o de alguna clase de hombres en particular, que solo son una parte de la comunidad. El mejor de todos los Gobiernos será el que fuere más propio para producir la mayor suma de bien y de felicidad y estuviere más a cubierto del peligro de una mala administración; y cuantas veces se reconociere que un Gobierno es incapaz de llenar estos objetos o que fuere contrario a ellos la mayoría de la nación, tiene indubitablemente el derecho inajenable, e imprescriptible de abolirlo, cambiarlo o reformarlo, del modo que juzgue más propio para procurar el bien público. Para obtener esta indispensable mayoría, sin daño de la justicia ni de la libertad general, la Constitución presenta y ordena los medios más razonables, justos y regulares en el Capítulo de la revisión y las provincias adoptarán otros semejantes o equivalentes en sus respectivas constituciones.

Sección tercera. Deberes del hombre en la sociedad
Artículo 192. La declaración de los derechos contiene las obligaciones de los legisladores; pero la conservación de la sociedad pide que los que la componen conozcan y llenen igualmente las suyas.

Artículo 193. Los derechos de otros son el límite moral de los nuestros y el principio de nuestros deberes relativamente a los demás individuos del Cuerpo Social. Ellos reposan sobre dos principios que la naturaleza ha grabado en todos los corazones, a saber: «Haz siempre a los otros el bien que quisieras recibir de ellos. No hagas a otro lo que no quisieras que se te hiciese».

Artículo 194. Son deberes de cada individuo para con la sociedad vivir sometido a las leyes obedecer y respetar los magistrados y autoridades constituidas, que son sus órganos, mantener la libertad y la igualdad de derechos; contribuir a los gastos públicos y servir a la Patria cuando ella lo exige, haciéndole el sacrificio de sus bienes y de su vida, si es necesario.

Artículo 195. Ninguno es hombre de bien, ni buen ciudadano, si no observa las leyes fiel y religiosamente, si no es buen hijo, buen hermano, buen amigo, buen esposo y buen padre de familia.

Artículo 196. Cualquiera que traspasa las leyes abiertamente o que sin violarla a las claras, las elude con astucia o con rodeos artificiosos y culpables, es enemigo de la sociedad ofende a los intereses de todos y se hace indigno de la benevolencia y estimación pública.

Sección cuarta. Deberes del Cuerpo Social

Artículo 197. La sociedad afianza a los individuos que la componen el gozo de su vida, de su libertad, de sus propiedades y demás derechos naturales; en esto consiste la garantía social que resulta de la acción reunida de los miembros del Cuerpo y depositada en la Soberanía nacional.

Artículo 198. Siendo constituidos los Gobiernos para el bien y felicidad común de los hombres, la Sociedad debe proporcionar auxilios a los indigentes y desgraciados y la instrucción a todos los Ciudadanos.

Artículo 199. Para precaver toda transgresión de los altos poderes que nos han sido confiados, declaramos: que todas y cada una de las cosas constituidas en la anterior declaración de derechos, están exentas y fuera del alcance del Poder general ordinario del Gobierno y que conteniendo o apoyándose sobre los indestructibles y sagrados principios de la naturaleza, toda ley contraria a ellas que se expida por la Legislatura federal o por las provincias, será absolutamente nula y de ningún valor.

Capítulo nono. Disposiciones generales

Artículo 200. Como la parte de ciudadanos que hasta hoy se han denominado Indios, no han conseguido el fruto apreciable de algunas leyes que la Monarquía Española dictó a su favor, porque los encargados del gobierno en estos países tenían olvidada su ejecución; y como las basas del sistema de gobierno que en esta Constitución ha adoptado Venezuela, no son otras que la de la justicia y la igualdad, encarga muy particularmente a los Gobiernos provinciales, que así como han de aplicar sus fatigas y cuidados para conseguir la ilustración de todos los habitantes del Estado, proporcionarles escuelas, academias y colegios en donde aprendan todos los que quieran los principios de Religión, de la sana moral, de la política, de las ciencias y artes útiles y necesarias para el sostenimiento y prosperidad de los pueblos, procuren por todos los medios posibles atraer a los referidos ciudadanos naturales a estas casa de ilustración y enseñanza, hacerles comprehender la íntima unión que tiene con todos los demás ciudadanos, las consideraciones que como aquellos merecen del Gobierno y los derechos de que gozan por el solo hecho de ser hombres iguales a todos los de su especie, a fin de conseguir por este medio sacarlos del abatimiento y rusticidad en que los ha mantenido el antiguo estado de cosas y que no permanezcan por más tiempo aislados y aun temerosos de tratar a los demás hombres; prohibiendo desde ahora que puedan aplicarse involuntariamente a prestar sus servicios a Tenientes o Curas de sus parroquias, ni a otra persona alguna y permitiéndoles el reparto en propiedad de las tierras que les estaban concedidas y de que están en posesión, para que a proporción entre los padres de familia de cada pueblo, las dividan y dispongan de ellas como verdaderos señores, según los términos y reglamentos que formen los Gobiernos provinciales.

Artículo 201. Se revocan por consiguiente y quedan sin valor alguno leyes que en el anterior gobierno concedieron ciertos tribunales, protectores y privilegios de menor a dichos naturales, las cuales dirigiéndose al parecer a protegerlos, les han perjudicado sobre manera, según ha acreditado la experiencia.

Artículo 202. El comercio inicuo de negros prohibido por decreto de la Junta Suprema de Caracas, en 14 de agosto de 1810, queda solemnemente abolido en todo el territorio de la unión, sin que puedan de modo alguno introducirse esclavos de ninguna especie por vía de especulación mercantil.

Artículo 203. Del mismo modo quedan revocadas y anuladas en todas sus partes, las leyes antiguas que imponían degradación civil a una parte de la población libre de Venezuela, conocida hasta ahora bajo la denominación de pardos: éstos quedan en posesión de su estimación natural y civil y restituidos a los imprescriptibles derechos que le corresponden como a los demás ciudadanos.

Artículo 204. Quedan extinguidos todos los títulos concedidos por el anterior Gobierno y ni el Congreso, ni las Legislaturas provinciales podrán conceder otro alguno de nobleza, honores o distinciones 63 hereditarias, ni crear empleos u oficio alguno, cuyos sueldos o emolumentos puedan durar más tiempo que el de la buena conducta de los que les sirvan.

Artículo 205. Cualquiera persona que ejerza algún empleo de confianza u honor, bajo la autoridad del Estado, no podrá aceptar regalo, título o emolumento de algún Rey, Príncipe o Estado extranjero, sin el consentimiento del Congreso.

Artículo 206. El Presidente y miembros que fueren del Ejecutivo: los Senadores, los Representantes, los militares y demás empleados civiles, antes de entrar en el ejercicio de sus funciones, deberán prestar juramento de fidelidad al Estado, de sostener y defender la Constitución, de cumplir bien y fielmente los deberes de sus oficios y de proteger y conservar pura e ilesa, en estos pueblos, la Religión católica, apostólica, romana, que aquéllos profesan.

Artículo 207. El Poder Ejecutivo prestará el juramento en manos del Presidente del Senado, presencia de las dos Cámaras; y los Senadores y Representantes en manos del Presidente en turno del Ejecutivo y a presencia de los otros dos individuos que lo componen.

Artículo 208. El Congreso determinará la fórmula del juramento y ante que personas deban prestarlo los demás oficiales y empleados de la Confederación.

Artículo 209. El Pueblo de cada Provincia tendrá facultad para revocar la nominación de sus Delegados en el Congreso o algunos de ellos en cualquier tiempo del año y para enviar otros en lugar de los primeros, por el que a éstos el tiempo de la revocación.

Artículo 210. El medio de inquirir y saber la voluntad general de los Pueblos, sobre estas revocaciones, será del resorte exclusivo y peculiar de las Legislaturas provinciales, según lo que para ello establecieren sus respectivas Constituciones.

Artículo 211. Se prohíbe a todos los Ciudadanos asistir con armas a las Congregaciones parroquiales y electorales que prescribe la Constitución y a las reuniones pacificas que habla el parágrafo 182 y siguiente, bajo la pena de perder por diez años el derecho de votar y concurrir a ellas.

Artículo 212. Cualquier que fuere legítimamente convencido de haber comprado o vendido sufragios en las referidas Congregaciones o de haber procurado la elección de algún individuo con amenazas, intrigas, artificios u otro género de seducción, será excluido de las mismas Asambleas y del ejercicio de toda función pública por espacio de veinte años; y en caso de reincidencia, la exclusión será perpetua, publicándose una y otra en el distrito del Partido capitular, por una proclama de la Municipalidad que circulará en los papeles públicos.

Artículo 213. Ni los sufragantes Parroquiales, ni los Electores capitulares recibirán recompensa alguna del Estado por concurrir a sus respectivas Congregaciones y ejercer en ellas lo que previene la Constitución, aunque sea necesario a veces emplear algunos días para concluir lo que ocurriere.

Artículo 214. Los Ciudadanos solo podrán ejercer sus derechos políticos en las Congregaciones parroquiales y electorales y en los casos y formas prescriptas por la Constitución.

Artículo 215. Ningún individuo o asociación particular podrá hacer peticiones a las autoridades constituidas en el nombre del Pueblo, ni menos abrogarse la calificación de Pueblo Soberano; y el ciudadano, ciudadanos que contravinieren a este parágrafo, hollando el respeto y veneración debidas a la representación y voz del Pueblo, que solo se expresa por la voluntad general o por órgano de sus Representantes legítimos en las Legislaturas, serán perseguidos, presos y juzgados con arreglo a las leyes.

Artículo 216. Toda reunión de gente armada, bajo cualquier pretexto que se forme, si no emana de ordenes de las autoridades constituidas, es un atentado contra la seguridad pública y debe dispersarse inmediatamente por la fuerza; y toda reunión de gente sin armas que no tenga el mismo origen legítimo, se disolverá primero por ordenes verbales; y siendo necesario, se destruirá por las armas en caso de resistencia o de tenaz obstinación.

Artículo 217. Al Presidente y miembros del Poder Ejecutivo, Senadores, Representantes y demás empleados por el Gobierno de la Confederación, se abonaran sus respectivos sueldos del tesoro común de la unión.

Artículo 218. No se extraerá de él cantidad alguna de numerario en plata oro, papel u otra forma equivalente, sino para los objetos e inversiones ordenadas por ley y anualmente se publicará por el Congreso un estado y cuenta regular de entradas y gastos de los fondos públicos para conocimiento de todos, luego que el Poder Ejecutivo verifique lo dispuesto en el parágrafo 102.

Artículo 219. Nunca se impondrá capitación, u otro impuesto directo sobre las personas de los Ciudadanos, sino en razón del número de población de cada Provincia, según lo indicaren los censos que el Congreso dispondrá se ejecuten cada cinco años, en toda la extensión del Estado.

Artículo 220. No se dará preferencia a los puertos de una Provincia sobre los de otra, por reglamento alguno de comercio o de rentas, ni se concederán privilegios o derechos exclusivos a compañías de comercio o corporaciones industriales, ni se impondrán otras limitaciones a la libertad de comercio y al ejercicio de la agricultura y de la industria, sino las que previene expresamente la Constitución.

Artículo 221. Toda Ley prohibitiva sobre estos objetos, cuando las circunstancias la hagan necesaria, deberá estimarse por pura y esencialmente provisional; y para tener efecto por más de un año, se deberá renovar con formalidad al cabo de este periodo, repitiéndose lo mismo sucesivamente.

Artículo 222. Mientras el Congreso no determinare una fórmula permanente de naturalización para los extranjeros, adquirirán estos derechos de Ciudadanos y aptitud para votar, elegir y tomar asiento en la representación nacional, si habiendo declarado su intención de establecerse en el país ante una Municipalidad, héchose inscribir en el registro civil de ella y renunciado al derecho de ciudadano en su patria, adquirieren un domicilio y residencia en el territorio del Estado, por el tiempo de siete años y llenaren las demás condiciones prescriptas en la Constitución para ejercer las funciones referidas.

Artículo 223. En todos los actos públicos se usará de la Era Colombiana y para evitar toda confusión en los cómputos al comparar esta época con la vulgar Cristiana, casi generalmente usada en todos los pueblos cultos, comenzará aquella a contarse desde el día primero de Enero, del año de N. S. mil ochocientos once que será el primero de nuestra Independencia.

Artículo 224. El Congreso suplirá con providencias oportunas, a todas las partes de esta Constitución que no puedan ponerse en ejecución inmediatamente y de un modo general, para evitar los prejuicios e inconvenientes que de otra surte pudieren resultas al Estado.

Artículo 225. El que hallándose en una Provincia violare sus leyes, será juzgado con arreglo a ellas por sus Magistrados provinciales; pero si infringiese las de la Unión, lo será conforme a éstas los funcionarios de la misma Confederación; y para que no sea necesario que en todas partes haya Tribunales de la Confederación, ni que sean extraídos de sus vecindarios los individuos comprehendidos en estos casos, el Congreso determinará por ley, los Tribunales y la forma con que éstos darán comisiones para examinar y juzgar las ocurrencias en las mismas Provincias.

Artículo 226. Nadie tendrá en la Confederación de Venezuela otro título, ni tratamiento público que el de ciudadano, única denominación de todos los hombres libres que componen la Nación; pero a las Cámaras representativas, al Poder Ejecutivo y a la Suprema Corte de Justicia se dará por todos los Ciudadanos el mismo tratamiento con la adición de Honorable para las primeras, Respetable para el segundo y Recto para la tercera.

Artículo 227. La presente Constitución, las leyes que en su consecuencia se expidan para ejecutarla y todos los tratados que se concluyan bajo la autoridad del Gobierno de la Unión, serán la ley suprema del Estado en toda la extensión de la Confederación y las autoridades y habitantes de las Provincias, estarán obligados a obedecerlas y observarlas religiosamente sin excusa, ni pretexto alguno; pero las leyes que se expidieren contra el tenor de ella, no tendrán ningún valor, sino cuando hubieren llenado las condiciones requeridas para una justa y legítima revisión y sanción.

Artículo 228. Entre tanto que se verifica la composición de un código civil y criminal, acordado por el Congreso en 8 de marzo último, adaptable a la forma de Gobierno establecido en Venezuela, se declara en su fuerza y vigor, el código que hasta aquí nos ha regido en todas las materias y puntos que, directamente o indirectamente, no se opongan a lo establecido en esta Constitución.

Y por cuanto el Supremo Legislador del Universo ha querido inspirar en nuestros corazones, la amistad y unión más sinceras entre nosotros mismos y con los demás habitantes del Continente Colombiano, que quieran asociársenos para defender nuestra Religión, nuestra Soberanía natural y nuestra Independencia.

Por tanto, nosotros, el referido Pueblo de Venezuela, habiendo ordenado con entera libertad la Constitución precedente que contiene las reglas, principios y objetos de nuestra Confederación y alianza perpetua tomando a la misma Divinidad por testigo de la sinceridad de nuestras intenciones, e implorando su poderoso auxilio para gozar por siempre las bendiciones de la libertad y de los imprescriptibles derechos que hemos merecido a su beneficencia generosa nos obligamos y comprometemos a observar y cumplir inviolablemente todas y cada una de las cosas que en ellas se comprehenden, desde que sea ratificada en la forma que ella misma previene; protestando sin embargo alterar y mudar en cualquier tiempo estas resoluciones, conforme a la mayoría de los Pueblos de Colombia que quieran reunirse en un Cuerpo nacional para la defensa y conservación de su libertad e Independencia política, modificándolas, corrigiéndolas y acomodándolas oportunamente y a pluralidad y de común acuerdo entre nosotros mismos, en todo lo que tuviere relaciones directas con los intereses generales de los referidos Pueblos y fuere convenido por el órgano de sus legítimos Representantes reunidos en un Congreso general de la Colombia o de alguna parte considerable de ella y sancionada por los comitentes; constituyéndonos entretanto en esta unión, todas y cada una de las Provincias que concurrieron a formarla, garantes las unas a las otras de la integridad de nuestros respectivos territorios y derechos esenciales, con nuestras vidas, nuestras fortunas y nuestro honor; y confiamos y recomendamos la inviolabilidad y conservación de esta Constitución a la fidelidad de los Cuerpos Legislativos, de los Poderes Ejecutivos, Jueces y Empleados de la Unión y de las Provincias y a la vigilancia y virtudes de los padres de familia, madres, esposas y ciudadanos del Estado.

Dada en el Palacio Federal de Caracas, a veintiuno de diciembre del año del Señor mil ochocientos once, primero de nuestra independencia.

Juan Toro, Presidente. Isidoro Ant. López Méndez. Juan José de Maya. Nicolás de Castro Lino de Clemente. José María Ramírez. Domingo de Alvarado. Manuel Placido Maneyro. Francisco Javier de Maíz. Antonio Nicolás Brizeño. Francisco X. Yanes. Manuel Palacio. José de Sata y Bussy. José Ignacio Brizeño. José Gabriel de Alcalá. Bartolomé Blandin. Francisco Policarpo Ortiz. Martín Tovar. Felipe Fermín Paúl.

José Luis Cabrera. Francisco Hernández. Francisco del Toro. José Ángel de Alamo. Gabriel Pérez de Pagola. Francisco X. Ustariz. Juan Germán Roscio. Fernando Peñalver.

(L. S.)

Bajo los reparos que se expresan al pie de esta Acta n.º 2, firmo esta Constitución.

Francisco de Miranda, Vicepresidente.

Suscribo a todo, menos al Artículo 180, reiterando mi protesta hecha en 5 del corriente.

Juan Nepomuceno Quintana.

Suscribo a todo, menos al Artículo 180 que trata de abolir el fuero personal de los clérigos, sobre el que he protestado solemnemente, lo que insertará a continuación de esta Constitución.

Manuel Vicente de Maya.

Suscribo en los mismos términos que el Sr. Maya, acompañándose la protesta que he entregado hoy.

Luis José Cazorla.

Suscribo a toda la Constitución, menos al Capítulo del fuero.

Luis José de Rivas y Tovar.

Bajo mi protesta del acuerdo de dieciséis de los corrientes.

Salvador Delgado.

Suscribo a todo, excepto el desafuero.

José Vicente Unda.

Suscribo la Presente Constitución, con exclusión del Artículo 180 y con arreglo a la protesta que hice en 5 del corriente y acompaña la Constitución; y en los mismos términos que corre la de don Juan Quintana.

Luis Ignacio Mendoza.

Suscribo a todo, menos lo sancionado en esta Constitución, a excepción del Capítulo que habla del fuero eclesiástico, según las protestas que he hecho en las actas del 5 del presente.

Juan Antonio Díaz Argote.

Francisco Isnardi, Secretario.

Alocución

Venezolanos: Antes de cumplirse los dos primeros años de vuestra libertad, vais a fijar el destino de la patria, pronunciando sobre la Constitución que os presentan vuestros Representantes.

Ni las revoluciones del otro hemisferio, ni las convulsiones de los grandes imperios que lo dividen, ni los intereses opuestos de la política Europea, han venido a detener la marcha pacifica y moderada que emprendisteis el memorable 19 de abril, de 1810.

El interés general de la América, puesto en acción por vuestro glorioso ejemplo, el patriotismo guiado por la filantropía y la libertad ayudada de la justicia, han sido los agentes que han dirigido vuestra conducta para dar al mundo el primer ejemplo de un pueblo libre, sin los borradores de la anarquía, ni los crímenes de las pasiones revolucionarias.

Eterno será en los fastos de América, el corto período en que habéis hecho lo que ha costado a todas las naciones épocas funestas de sangre y desolación; y se la consterna Europa no tuviese que admirar nada en vuestra Constitución, confesará, al menos que son dignos de ella los que han sabido conseguirla sin devorarse y sabrán sancionarla con la dignidad de los hombres libres.

Llegó el momento: Venezolanos, que tengáis un gobierno, que la exactitud de sus elementos contenga la garantía de su duración y asegure con ella, vuestra unión y felicidad.

Tal fue el deber que impusisteis a vuestros mandatarios el 2 de marzo: A vosotros toca juzgar si lo han cumplido; y a ellos el aseguraros que sus fervorosos deseos, su infatigable constancia y su buena fe, es lo único que puede hacerles esperar la aprobación de unas tareas, emprendidas y consumadas solo para vuestro bien.

Patriotas del 19 de abril, que habéis permanecido incontrastables en los reveses de la fortuna e inaccesibles a los choques de las facciones. Guerreros generosos, que habéis derramado vuestra sangre por la patria; ciudadanos que amáis el orden y la tranquilidad, aceptad como prenda de tantos bienes, el gobierno que os ofrecen vuestros Representantes.

Él solo puede señalándoos vuestros derechos y vuestros deberes, proporcionaros la garantía social y con ella la libertad, la paz, la abundancia y la felicidad.

Independencia política y felicidad social, fueron vuestros votos el 5 de julio de 1811; independencia política y felicidad social, han sido los principios que han dirigido desde entonces a los que para llenar el destino a que los elevó vuestra confianza, han sacrificado su existencia a tan ardua como importante empresa.

Venezolanos: Ciudadanos todos, unión y confianza es lo único que os pedimos en recompensa de los desvelos y sacrificios que nos han merecido vuestra suerte. Reuníos todos en una sola familia por los intereses de una patria y caiga un velo impenetrable sobre todo lo que sea anterior a la época augusta que vais a establecer.

Siglos enteros de gloria han pasado para la América, desde que resolvisteis ser libres, hasta que conseguisteis serlos por medio de la Constitución, sin la cual aun no habíais expresado solemnemente al mundo vuestra voluntad, ni el modo de llevarlas a efecto.

El término de la revolución se acerca: Apresuraos a llegar a él por medio de la Constitución que os ofrecemos, si queréis sumir en la nada los proyectos de vuestros enemigos y apartar para siempre de nosotros, los males que ellos nos han causado. Pueblo soberano oye la voz de tus mandatarios, el proyecto de contrato social que ellos te ofrecen fue sugerido solo por el deseo de tu felicidad. Tú solo debes sancionarlo: colócate antes entre lo pasado y lo futuro: consulta tu interés y tu gloria y la patria quedara a salvo.

Juan Toro, Presidente.

Francisco Isnardi, Secretario.

Protesta por parte de Francisco de Miranda

Considerando que en la presente Constitución los Poderes no se hallan en el justo equilibrio, ni la estructura u organización general suficientemente sencilla y clara, para que pueda ser permanente; que por otra parte no está ajustada con la población, usos y costumbres de estos países, de que en lugar de reunirnos en una masa general o Cuerpo social, nos divida y separe, en perjuicio de la seguridad común y de nuestra Independencia; pongo éstos reparos en cumplimiento de mi deber:

Francisco de Miranda.

Libros a la carta

A la carta es un servicio especializado para
empresas,
librerías,
bibliotecas,
editoriales
y centros de enseñanza;
y permite confeccionar libros que, por su formato y concepción, sirven a los propósitos más específicos de estas instituciones.

Las empresas nos encargan ediciones personalizadas para marketing editorial o para regalos institucionales. Y los interesados solicitan, a título personal, ediciones antiguas, o no disponibles en el mercado; y las acompañan con notas y comentarios críticos.

Las ediciones tienen como apoyo un libro de estilo con todo tipo de referencias sobre los criterios de tratamiento tipográfico aplicados a nuestros libros que puede ser consultado en Linkgua-ediciones.com.

Linkgua edita por encargo diferentes versiones de una misma obra con distintos tratamientos ortotipográficos (actualizaciones de carácter divulgativo de un clásico, o versiones estrictamente fieles a la edición original de referencia).

Este servicio de ediciones a la carta le permitirá, si usted se dedica a la enseñanza, tener una forma de hacer pública su interpretación de un texto y, sobre una versión digitalizada «base», usted podrá introducir interpretaciones del texto fuente. Es un tópico que los profesores denuncien en clase los desmanes de una edición, o vayan comentando errores de interpretación de un texto y esta es una solución útil a esa necesidad del mundo académico.

Asimismo publicamos de manera sistemática, en un mismo catálogo, tesis doctorales y actas de congresos académicos, que son distribuidas a través de nuestra Web.

El servicio de «libros a la carta» funciona de dos formas.

1. Tenemos un fondo de libros digitalizados que usted puede personalizar en tiradas de al menos cinco ejemplares. Estas personalizaciones pueden ser de todo tipo: añadir notas de clase para uso de un grupo de estudiantes, introducir logos corporativos para uso con fines de marketing empresarial, etc. etc.

2. Buscamos libros descatalogados de otras editoriales y los reeditamos en tiradas cortas a petición de un cliente.

Printed in Poland
by Amazon Fulfillment
Poland Sp. z o.o., Wrocław
18 June 2026

174e2058-3097-4b31-83ec-b314b5fe463cR01